KB242789

호텔기업과 법인세

호텔기업과 법인세

김 수 정 著

한국학술정보㈜

차 례

그림 차례

제1장 서 론

제1절 연구의 배경 및 필요성

조세정책은 국가의 재정수입을 확보하기 위한 것일 뿐만 아니라 경제
정책의 유용한 수단으로서의 역할을 한다. 우리나라의 경우 특히 정부 주
도로 경제를 이끌어 오는 과정에서 조세는 정부의 정책을 집행하는 유용
한 수단이 되어 왔다. 1980년대 이후 조세정책이 정부의 간섭을 최소화하
는 방향으로 전환되었으나 여전히 조세감면 및 특례제도로 인하여 많은
사람들이 조세가 공평하게 부과되고 있지 않다고 인식하고 있다.

정책수단으로서 조세지원은 특정 경제활동을 조장하거나 억제할 목적
으로 수행되기 때문에 조세에 대한 특례나 감면 혜택을 많이 받는 산업
또는 기업이 있는 반면에 이를 거의 이용할 수 없는 산업 또는 기업도
존재하게 되어 산업 또는 기업의 실질적인 조세부담이 산업별로 또는
기업별로 차이가 난다.[1] 특히 1980년대 이후부터는 조세지원의 방향이
특정 산업에 대한 지원을 축소하는 대신 중소기업이나 기술 및 인력개
발에 대한 지원 등 특정한 기능의 수행을 유도하는 방향으로 전환되어
졌기 때문에, 해당 기능을 수행하여 세제상의 혜택을 보는 기업과 그렇
지 못한 기업 사이에는 실질적인 조세부담에서 더욱 차이가 나타나게
되었다. 기능 중심의 조세지원제도로 인한 기업별 실질적 조세부담의
차이는 궁극적으로 개별기업의 기업 특성이나 기업이 수행하는 경영활
동의 성격과 관련되어 설명될 수 있다.[2]

---

1) 김용훈, "조세지원의 효과에 관한 연구 – 유효법인세율을 통한 분석", *세무
학 연구* 제7호(1996년 1월), pp.151-152.

호텔산업과 같은 서비스산업의 경우 이전보다는 개선되었지만 기업 특성을 고려한 과세감면 혜택 및 세액공제 혜택 규정의 적용에 있어 기타 산업과 비교할 때 공평하게 평가되지 못하고 있다. 우리는 IMF와 같은 돌발환경 변수하에서 호텔업을 포함한 관광산업이 국가의 부가가치 생산성에 얼마나 많은 기여를 했는가를 살펴볼 필요가 있다. 실제로 IMF 체재 1년째인 1998년 우리나라를 방한한 외래객 입국자수는 전년보다 8.8% 증가한 4,250,216명이었다.[3] 이 중 호텔 투숙 외국인수는 전년보다 16.6%가 증가한 9,259,970명으로 이는 원화 가치의 하락이 한국 관광의 매력 요소로 작용하였기 때문이다.[4] 이로 인하여 외국인들에 의한 객실 수입과 부대시설의 수입 또한 증가되었다.

이와 같이 호텔을 포함한 관광산업은 국가가 돌발적 환경변수로 인하여 많은 경제적인 어려움을 겪고 있을 때 오히려 부가가치 생산성을 높임으로써 경제 회복에 큰 역할을 수행하였다. 제조업 및 금융업의 경우 경기 침체로 많은 어려움을 겪자 수출 증대와 경기 활성화라는 명제하에 조세감면 조치 등 정부의 적극적인 세제 혜택을 받음으로써 어려운 상황을 벗어날 수 있는 계기를 마련할 수 있었다. 그러나 높은 부가가치를 창조하면서 경제 회복에 크나큰 역할을 한 호텔업을 포함한 관광산업에 대해서는 정부가 그 중요성을 그 어느 때보다도 절실히 인식하면서도 실제로 조세감면 혜택을 비롯한 세제 혜택 및 세제 완화의 기회를 많이 부여하지 않고 있다.

조세는 국민이 부담하는 경제가치액이다. 그러므로 조세부담자인 국민이 그 과세 기준 및 부담률이 공평하게 실행되지 못하고 있다고 인식한다면 조세납부 의무를 회피하고자 할 것이다.

---

2) 안숙찬, "조세부담과 기업 특성", *세무학 연구* 제8호(1996년 10월), p.126.
3) 한국관광공사, 「한국관광통계」, 1999, p.1.
4) 한국관광공사, 「관광호텔운영실적」, 1998, pp.18-29.

제2절 연구의 목적

조세를 징수하는 권한을 가진 자는 국가와 지방자치단체뿐이며 이에 대해 조세납부 의무를 지니는 것은 일반 국민들이다. 조세는 세법에 규정된 바가 없으면 과세될 수 없고 과세되는 내용은 과세요건으로써 세법에 정한 바에 따라 그 내용이 결정되어진다.

그런데 국민의 재산권을 침해하는 정도가 큰 조세법에 있어서 조세를 법률에 의하여 정하는 형식적 요건만 충족하면 그 내용이 어떠한 것이 되던, 특히 그 내용에 있어서 아무런 합리적 이유가 없이 규정되어도 상관없는가에 관한 문제가 제기될 수 있다. 조세제도의 역할이나 이념은 크게 조세부담의 공평성, 자원배분의 효율성, 조세수입의 확보, 징세의 편의 등 4가지를 들 수 있는데, 우리나라는 그간 경제성장을 추진하는 과정에서 조세수입의 확보나 경제개발 지원 측면을 지나치게 강조한 나머지 조세부담 측면에서 공평성의 문제가 소홀히 취급되었다.[5] 조세 공평성에 관한 문제는 오래전부터 거론 되어온 것으로 누구나 조세제도가 공평해야 한다는 데는 의견을 같이 하고 있다. 그러나 우리나라는 조세에 대한 특례나 감면의 혜택을 많이 받는 산업 또는 기업이 있는 반면에 이를 거의 이용할 수 없는 산업 또는 기업도 존재하게 되어 산업 또는 기업의 실질적인 조세부담이 산업별로 또는 기업별로 차이가 나타난다. 호텔산업이 그 대표적인 예로 기업의 특성을 고려한 측면에서 제조업 및 기타 산업과 비교하여 조세징수의 공평성이 많이 결여되어 있다. 이와 같이 세법에서 규정한 과세 대상별 과세 적용률 등이 각 산업의 특수성을 제대로 반영하고 있지 못하고 있어 납세자들은 조세가

---

5) 권영모, "납세자의 조세 공평성 인식에 관한 실증적 연구", 원광대학교 대학원 박사학위논문, 1994, p.1.

공평하게 징수되고 있다고 인식하지 않고 있다. 이로 인해 조세부과에 대한 납세자의 불복종건수가 증가됨으로써 조세정책에 심각한 문제점으로 대두되게 되었다. 따라서 각 기업 및 산업의 특성을 제대로 반영하여 조세정책을 수행해 나감으로써 납세자들로 하여금 조세 공평성에 대한 신뢰성을 높이도록 해야 할 필요성이 있다.

앞서 언급한 바와 같이 호텔기업의 경우 기업의 특성과 조세부담과의 관련성에 관한 연구가 전혀 이루어지지 않고 있을 뿐만 아니라 호텔기업의 조세체계, 조세징수상의 문제점과 같은 기본적인 연구도 이루어지지 않고 있다. 어느 기업이든 기업을 운영함에 있어 세금을 부과하지 않을 수 없으며 호텔 또한 예외일 수는 없다.

그러므로 본 연구에서는 호텔기업 입장에서 법인세를 중심으로 호텔기업의 특성과 조세부담과의 관련성을 파악하기 위하여 호텔기업의 규모, 부채비율, 자본집약도와 총개보수비용의 변수를 이용하여 유효법인세율과의 관련성을 파악하고 설문조사를 통해 호텔기업의 세무 담당자들의 인구 통계적 특성 즉, 근무하고 있는 호텔의 등급, 직급, 법인세 납부 경험 및 업종 종사연수에 따른 법인세 규정에 대한 인식의 차이를 검증하여 법인세 규정의 적용에 있어 반영되어야 하는 호텔기업의 특성을 제시하고자 한다.

제3절 연구 방법 및 구성

1. 연구 방법

본 연구에서는 호텔기업의 특성과 조세부담과의 관련성을 파악하여 법인세 규정의 적용에 있어 호텔기업의 특성이 반영되어야 하는 근거를 제시하기 위해 다음과 같은 방법을 이용한다.

첫째, 호텔기업의 특성과 조세부담과의 관련성에 관해 설정한 가설을 검증하기 위해서 선형회귀분석을 이용한다.

둘째, 현 법인세 규정에 대한 호텔기업 세무 담당자들의 의견을 파악하고자 설문조사를 실시하여 응답자들의 인구 통계적 특성에 따른 법인세 규정에 대한 인식의 차이를 분석하기 위해 기술통계 분석, 빈도분석, 다중응답 분석, T-test, 일원분산 분석(one-way ANOVA analysis)과 사후 검정인 Duncan 테스트, 카이제곱 검정 및 비모수통계방법인 Mann-Whitney 검정을 이용한다.

본 연구에서는 한국신용평가(주)에서 제공하는 1996년부터 1999년까지의 한국기업재무총람, 매일경제신문사에서 제공하는 1996년부터 1999년까지의 회사연감과 기업 감사자료를 이용하고 분석을 위해서 통계패키지인 SPSS 7.5 for windows를 이용한다.

2. 연구의 구성

본 연구는 다음과 같이 구성되어 있다.

제1장은 서론으로 연구의 배경 및 필요성, 연구의 목적, 연구 방법 및 구성에 관하여 논한다.

제2장은 선행연구의 검토로 법인세에 관한 이론, 법인세 부담과 호텔기업의 특성, 법인세 부담과 기업 특성에 관한 기존 연구의 검토로 구성된다.

제3장은 실증연구 부분으로 연구 모형의 설정, 연구 가설의 설정, 분석 방법, 표본기업의 선정, 조사 도구의 개발 및 변수의 조작적 정의로 구성된다.

　제4장은 실증분석 결과 부분으로 실증분석 결과(Ⅰ)인 호텔기업의 특성과 법인세 부담과의 관련성 분석과 실증분석 결과(Ⅱ)인 호텔기업의 세무 담당자와의 설문조사 분석 결과의 요약으로 구성된다.

　제5장은 결론 부분으로 연구 결과의 요약 및 시사점, 연구의 한계 및 미래 연구를 위한 제안으로 구성된다.

제2장 선행연구의 검토

제1절 법인세에 관한 이론

1. 법인세의 개념

법인세는 법인의 경제활동 과정에서 얻는 이윤, 즉 소득을 과세물건으로 하여 과세하는 조세이다. 통상 소득세가 개인을 납세의무자로 하는 개인소득세인 데 대해서, 법인세는 법인을 납세의무자로 하기에 법인 소득세라 부를 수 있다.[6] 법인세법에서 납부해 할 세금에는 각 사업연도 소득에 대한 법인세, 토지 및 양도 차익에 대한 특별부가세 그리고 청산소득에 대한 법인세가 있다. 법인의 본점 또는 주 사무소가 국내 또는 국외의 소재여부에 따라 내국법인과 외국법인으로 구분되며 법인의 영리목적 유·무에 따라 영리법인과 비영리법인으로 구분된다. 이를 요약하면 〈표 2-1〉과 같다.

---

6) 유지태, 김연태, 김중권, 『세법』, 법문사, 1998, p.459.

〈표 2-1〉 법인세의 종류

법인 종류	영리유무	각 사업연도소득에 대한 법인세	토지 등 양도차익에 대한 특별부가세	청산소득에 대한 법인세
내국 법인	영리법인	·국내·외의 모든 소득	·토지, 건물, 부동산, 주식 또는 출자 지분의 양도 차익	청산·산시 청산소득
	비영리법인	·국내·외의 수익 사업에서 생긴 소득 ·이자소득, 배당소득, 주식·신주 인수권 또는 출자지분의 양도로 인한 수입 ·고정자산처분으로 인한 소득	·토지, 건물, 부동산, 주식 또는 출자지분의 양도 차익	납세의무 없음
외국 법인	영리법인	·국내 원천 소득	·토지, 건물, 부동산, 주식 또는 출자지분의 양도 차익	
	비영리법인	·국내 원천 징수 중 수익 사업에서 생긴 소득	·토지, 건물, 부동산, 주식 또는 출자지분의 양도 차익	납세의무 없음

2. 법인세 징수 현황 분석

우리나라의 법인세 징수 현황 및 국가 간 비교를 살펴보면 다음과 같다.

1) 법인세 수입

우리나라는 각 사업연도소득, 청산소득, 그리고 법인의 토지 등 양도소득에 대한 특별부가세 등 3부분에서 법인세를 징수하고 있다. 이러한 법인세가 전체 내국세 수입에서 차지하는 비율과 기간별 추이를 살펴보면 〈표 2-2〉와 같다.

〈표 2-2〉 내국세 세목별 징수 추이

(단위: 백만 원, %)

세목연도	1966		1970		1980		1985		1990		1998	
	금액	구성비	금액	구성비	금액	구성비	금액	구성비	금액	구성비	금액	구성비
내국세계	70,011	100.0	283,799	100.0	3,675,795	100.0	7,496,924	100.0	19,130,226	100.0	51,237,792	100.0
직접세계	33,801	48.3	138,605	48.8	1,178,835	32.1	2,671,368	35.6	8,340,457	43.6	29,111,751	56.8
소득세	20,305	29.0	84,452	29.8	661,374	18.0	1,481,558	19.8	4,723,114	24.7	17,194,021	33.6
법인세	10,882	15.5	42,351	14.9	4 85,206	13.2	1,126,731	15.0	3,226,128	16.9	10,775,797	21.0
상속세	407	0.6	1,501	0.5	9,632	0.3	46,387	0.6	295,933	1.5	309,488	0.6
기 타	2,207	3.2	10,301	3.6	22,623	0.6	16,692	0.2	95,282	0.5	827,351	1.6
간접세계	33,671	48.1	141,557	49.9	2,403,957	65.4	4,556,995	60.8	10,384,159	54.3	20,897,047	40.8
부가가치세	-	-	-	-	1,471,194	40.0	2,901,197	38.7	6,964,419	36.4	15,706,805	30.7
특별소비세	-	-	-	-	582,471	15.8	980,807	13.1	1,911,791	10.0	2,211,453	4.3
기 타	33,671	48.1	141,557	49.9	350,292	9.6	674,991	9.0	1,507,949	7.9	2,978,789	5.8
기 타	2,539	3.6	3,637	1.3	93,003	2.5	268,561	3.6	405,610	2.1	1,228,994	2.4

자료: 국세청, 「국세청 30연사」, 1996, pp.1236-1241: 국세청, 「국세통계연보」, 1999, p.73.

〈표 2-2〉에서 보는 바와 같이 1966년을 기준으로 할 때 법인세가 전체 내국세수입의 15% 내외를 지속적으로 차지하다가 1990년대에 들어서서 20-21%선으로 상승하였다. 이러한 추세의 변화에 대하여는 그 의의를 여러 측면에서 분석할 수 있겠으나 우선적으로 파악할 수 있는 것이 법인세수의 비중이 전체 내국세수입 중에서 증가하여 왔다는 사실이다.[7] 1998년 말 현재 법인수는 181,835개로 전년대비 1.4%가 증가하였으며 법인의 종류별로는 영리내국법인이 전체의 92.4%를 차지하며, 영리내국법인의 회사 형태는 주식회사 92.5%, 유한회사 4.0%, 합자회사 2.9%, 합명회사 0.5%로 구성되고 있다.

1998년도 법인세 부과액은 전년대비 30% 증가하였으며 항목별로 보

---

7) 이우택, "법인세제의 평가와 개편방안에 관한 연구", *세무학 연구* 제13호 (1999년 2월), p.69.

면 자진납부세액은 28% 증가, 조사경정세액은 3.3% 증가, 청산소득에 대한 법인세는 60.6% 감소, 수시부과세액은 1.2% 감소, 감면 등 추징세액은 27.1% 감소, 원천징수세액은 56.6% 증가하였다.[8]

2) 법인세율의 국가 간 비교

그간 법인세율은 국제경쟁력의 강화와 자본이전의 방지를 위하여 매년 하향 조정되고 있는데 현재 각국의 법인세율을 비교해 보면 〈표 2-3〉과 같다.

〈표 2-3〉 각국의 법인세율 비교표

국가별＼법인세율	세율(%)	기준연도	순 위
일 본	37.5(소법인은 27)	1996	3
한 국	28(1억 이하 16)	1996	7
미 국	15, 25, 34, 35, 38, 39	1996	2
영 국	33(소법인은 25)	1996	6
프 랑 스	33.33	1996	5
독 일	40(35)	1998(1999)*	1
이탈리아	37	1992	4

* 98, 99 세법개정안에 의함.
 자료: 이우택, "법인세제의 평가와 개편방안에 관한 연구", *세무학 연구* 제13호
　　　(1999년 2월), p.71.

〈표 2-3〉에서 보는 바와 같이 우리나라의 법인세율은 주요 외국에 비하여 가장 낮다. 최근 다국적 기업의 활동영역이 질적·양적으로 넓어

---

8) 국세청, 「국세통계연보」, 1999, p.131.

짐과 동시에 각국의 국제경쟁이 격화되고 국제적 상호 의존의 정도가 높아지고 있고 이에 따라 이전가격세제(transfer-pricing tax) 등을 중심으로 각국 간 이익의 충돌이 격화되는 반면 세계경제의 통합화가 모색되고 있다. 따라서 법인세율의 문제는 이제 국내적인 요인뿐만 아니라 국제적인 과세의 형평성에 의하여 결정되어야 할 문제로 대두되고 있다. 이러한 상황에서 국제 경쟁력의 확보와 자본의 해외유출을 방지하기 위하여 추가적 세율의 인하문제가 자주 거론되고 있다. 그러나 〈표 2-3〉의 국가 간 비교표에서 보는 바와 같이 우리나라의 법인세율은 높은 수준이 아니라고 판단되며 따라서 추가적인 법인세율의 인하요구는 부당하다는 결론이 나온다. 그보다는 법인세 과세표준을 산정하는 과세이론과 기법을 현대적으로 다시 짜는 작업이 더욱 중요하겠다.9)

3. 법인세 부담의 측정방법

법인세율은 법정법인세율, 한계법인세율, 평균법인세율 및 유효법인세율 등으로 나누어 볼 수 있다.

1) 法定法人稅率(statutory corporate tax rate)

(1) 법정법인세율의 의의

法定法人稅率은 법인세법상에 규정되어 있는 세율로서 모든 영리법인에게 동일하게 적용되는 세율을 말한다. 단지 과세표준의 차이에 의해서만 세율이 달라지는데 우리나라의 경우는 1억 원을 기준으로 해서 과세표준액이 1억 원을 초과하면 그 초과분에 대해서는 28%의 세율을 적

---

9) 이우택, 전게논문, p.71

용하고, 1억 원 이하인 부분에는 16%의 세율을 적용한다.[10]

(2) 법정법인세 과세범위

법정법인세 과세소득 범위를 납세 의무자별로 살펴보면 〈표 2-4〉와 같다.[11]

〈표 2-4〉 법정법인세 과세범위

과세소득	납세 의무자		과세표준	세 율
각 사업 연도소득	내국 법인	일반법인	당기순이익＋익금산입·손금불산입－손금산입·익금불산입－①이월결손금－②비과세소득－③소득공제액	·1억 원 이하: 16% ·1억 원 초과: 1천600만 원 ＋1억 원 초과 금액의 28%
		조합법인 등	법인세차감전순이익	·12%
	외국 법인	국내 사업장·부동산 소득 및 산림소득이 있는 외국인	국내원천소득의 총합계액－①국내발생이월결손금－②비과세소득－③상호 면세의 외항소득	·내국법인의 세율적용
		기타의 외국법인	국내원천소득금액－상호 면세의 외항소득	·2-25%의 원천징수 특례 세율
청산소득	영리 내국법인/조합법인 등	해산 시	잔여재산가액－자기자본총액	·1억 원 이하: 16% ·1억 원 초과: 1천600만 원 ＋1억 원 초과 금액의 28%
		분할 시	분할대가의 총합계액－자기자본총액	
		합병 시	주식 또는 합병교부금등의 가액－피합병법인의 자기자본총액	·조합법인 등은 12%
토지 등 양도 차익 (특별부가세분)	내국법인		양도가액－취득가액－양도비용 *양도차익에서 양도차손을 차감하여 계산	·등기필양도 토지 등: 15% ·미등기양도 토지 등: 30% *사업연도 소득에 대한 법인세액이 없는 경우에도 적용
	외국법인			

자료: 조세통람사, 『조세편람』, 2000, p.1435.

---

10) 법인세법 제55조.

11) 조세통람사, 『조세 편람』, 2000, p.1435.

2) 限界法人稅率(marginal corporate tax rate)

(1) 한계법인세율의 의의

限界法人稅率은 과세소득이 1원만큼 증가할 때 부과되는 조세의 현재 가치를 말하는데 이때에는 명시적 조세(explicit tax)와 내재적 조세(implicit tax)를 모두 포함한다. 한편 한계법인세율을 과세소득이 1원만큼 증가할 때 부과하는 명시적 조세로 정의하기도 한다.[12]

(2) 한계법인세율의 종류

限界法人稅率은 외형적 조세만을 대상으로 하는 한계유효법인세율과 평균 세율의 개념에 의한 한계총법인세율로 나누어 볼 수 있다.[13]

① 한계유효법인세율

한계유효법인세율의 측정은 R. E. Hall과 D. W. Jorgenson의 연구[14] 로부터 시작되었는데 이 연구에서는 예상되는 투자안의 순원가를 자산의 취득가격에서 감가상각비와 투자세액공제로 인한 법인세 절감액의 현가를 차감한 금액으로 정의하고 이 순원가가 해당 자산에 대한 법인세차감 후 이익의 현가와 같아질 때 균형을 이루는 것으로 설명하고 있다. 이러한 균형상태와 자금의 기회비용을 나타내는 이자율을 기초로 하여 법인세차감 전 이익을 계산한다. 한계유효법인세는 법인세차감 전 이익과 법인세차감 후 이익의 차이이며 한계유효법인세율은 한계법인세

---

12) 전규안, "법인세 부담의 공평성과 기업 특성요인에 관한 연구", 서울대학교 대학원 박사학위논문, 1996, p.22.

13) 이준규, "법인세제의 유효성에 관한 연구", 건국대학교 대학원 박사학위논문, 1992, p.20.

14) R. E. Hall and D. W. Jorgenson, "Tax Policy and Investment Behavior", *American Economic Review* 57(June, 1967), pp.391-414.

를 법인세차감 전 이익 또는 법인세차감 후 이익으로 나누어 계산하다.

② 한계총법인세율

한계총법인세율은 추가투자로부터 발생한 추가이익에 대하여 추가로 부담하여야 할 외형적 조세 및 내재적 조세의 비율로 정의될 수 있다. 한계총법인세율의 측정방법은 기본적으로 평균 세율의 측정과 같은 개념이지만 추가이익에 대한 추가조세부담이라는 점이 다르기 때문에 미래에 발생할 자료에 대한 추정이 필요하다. 즉 장래에 발생할 추가이익의 추정과 장래에 적용될 한계법정세율에 대한 추정이 필요하며 이월결손금의 미공제액이 존재할 때 또는 내재적 조세의 경우에는 한계총법인세율의 측정이 어려워진다.[15]

3) 平均法人稅率(average corporate tax rate)

平均法人稅率은 납세자가 납부하는 법인세(명시적 조세와 내재적 조세를 모두 포함)의 현재가치와 과세소득의 현가의 비율을 말한다. 평균법인세율은 납세자의 조세부담을 측정하는 데 있어 전통적으로 사용되고 있는 유효법인세율보다 좋다고 주장되고 있다.[16] 그러나 내재적 조세의 측정이 어렵다는 문제점 때문에 실제로는 많이 사용되고 있지 않다. 한편 이러한 정의와는 달리 평균법인세율을 일정기간 동안 납세자가 납부하는 법인세(명시적 조세)의 합과 같은 기간의 과세소득(또는 이익)의 합의 비율로 정의하기도 하는데, 많은 논문에서 이러한 정의가 이용되었다.

---

15) 이준규, 전게논문, pp.23-24.
16) M. S. Scholes and M. A. Wolfson, 『Taxes and Business Strategy: A Planning Approach』, Prentice Hall, 1992, p.148.

4) 有效法人稅率(effective corporate tax rate, ETR)

(1) 유효법인세율의 개념

有效法人稅率은 기업이 납부하는 법인세와 조세부담능력(이익을 많이 이용한다)의 비율을 말하는 것으로 특정 기업의 조세부담의 정도를 측정하는 지표로 가장 많이 이용되고 있다. 유효법인세율을 구하는 기본산식은 다음과 같다.

$$ 유효법인세율 = \frac{법인세}{기업의조세부담능력} $$

위 식에서 분자의 법인세는 기업이 납부하는 법인세를 말하는데 손익계산서상의 법인세 비용이 될 수도 있고, 당해연도의 소득에 대해 세무서에 실제로 납부하는 법인세액이 될 수도 있다. 유효법인세율의 계산 시 법인세만을 분자로 이용하는 경우를 유효법인세율이라고 하고 법인세, 재산세 및 배당, 이자에 대한 소득세를 분자로 하는 경우를 유효 총세율이라고 하기도 한다.[17]

분모로 사용되는 조세부담능력의 代用値(proxy)로는 매출총이익, 경상이익, 법인세차감전순이익 등과 같은 이익변수들과 현금흐름을 나타내는 변수(예를 들어 경상이익과 감가상각비의 합)들이 이용되고 있다.[18] 본 연구에서는 유효법인세율의 대용치로써 분자는 손익계산서의 법인세 비용을 분모는 법인세차감전순이익을 이용하였다.

---

17) D. Fullerton, "Which is effective tax rate?", *National Tax Journal* 7(March, 1984), pp.23-42.

18) 재정학에서는 한계법인세율을 소득 w1만큼 증가할 때 증가하는 세액의 크기로 정의하고, 평균법인세율은 법인세액을 과세표준으로 나눈 비율로 정의하며, 유효법인세율은 법인세액을 각종 공제나 감면 전의 이익으로 나눈 비율로 정의하기도 한다.

(2) 유효법인세율의 가정

유효법인세율에 관한 논의를 전개하기 위해 법정법인세율이 단일세율인 경우와 누진세율인 경우로 나누어 유효법인세율을 설명하면 다음과 같다.[19]

① 단일세율을 가정하는 경우

법정법인세율로 單一稅率(flat tax rate)이 적용되는 경우에 유효법인세율은 다음과 같이 표현될 수 있다.

$$\begin{aligned}
ETR &= \frac{TAX}{PTI} \\
&= \frac{TI \times t}{PTI} \\
&= \frac{(PTI - TP) \times t}{PTI} \\
&= (1 - \frac{TP}{PTI}) \times t \\
&= (t - \frac{TS}{PTI})
\end{aligned}$$

ETR: 유효법인세율
TAX: 손익계산서상의 법인세 비용
  TI: 과세가능이익(taxable income), 과세표준에서 각종 공제액(세액공제, 세액감면 등)을 고려한 가상적인 이익
PTI: 법인세차감전순이익(pretax income)[20]
 TP: 조세혜택액(tax preferences)[21]
 TS: 세제상 보조금(tax subsidy)[22]
  t: 법정법인세율(statutory tax rate)

---

19) 전규안, 전게논문, pp.24-27.

20) 분모로 법인세차감전순이익 대신에 다른 이익을 사용하여도 결과의 해석에는 차이가 없으므로 법인세차감전순이익을 이용하여 논의를 전개하기로 한다.

21) 'PTI-TI'로 정의되며 기업회계와 세무회계의 영구적 차이와 일시적 차이를 모두 포함한 개념이다. 조세혜택액의 예로는 기업회계와는 달리 세무회계에서 더 높은 율로 인정되는 상각률, 이자가 면제되는 국공채의 이자, 투자

위에서 보는 것처럼 유효법인세율은 조세혜택액(TP)뿐만 아니라, 세전이익(PTI), 법정법인세율(t)에 의해 영향을 받는다.

② 누진세율을 가정하는 경우

우리나라의 법인세는 2단계 누진세율제도로 되어 있으며 다음과 같은 법인세 계산 구조를 가지고 있다.

우리나라의 법인세 계산 구조.
결산서상 당기순손익 ＋익금산입·손금불산입 －손금산입·익금불산입
＝차가감소득 ＋법정·지정기부금 한도초과액
＝각 사업연도소득금액 －이월결손금 －비과세소득 －소득공제
＝과세표준 ×세   율
＝산출세액 －세액감면 －세액공제 ＋가 산 세 ＋감면분 추가납부세액
＝총부담세액 －기납부세액
＝차감자진납부 할 세액

세액공제 등이 있다.

22) '당기에 납부해야 할 세금액(PTI에 법정법인세율을 곱한 금액)－당기에 실제로 납부하는 세금액(TAX)'으로 정의된다. 조세혜택액은 이익(소득)을 기준으로 하여 조세혜택을 측정하는 지표인 반면에 세제상 보조금은 법인세액을 기순으로 하여 조세혜택을 측정하는 지표라는 점에서 차이가 있다.

이와 같이 법정법인세율이 단일세율이 아니라 누진세율로 되어 있는 경우에는 유효법인세율의 표현이 바뀐다. 우리나라와 같이 2단계 누진세율을 가정하는 경우에 유효법인세율을 표현하면 다음과 같다.[23]

$$
\begin{aligned}
ETR &= \frac{TAX}{PTI} \\[1em]
&= \frac{M \times t_1 + (PTI - M - TP) \times t_2}{PTI} \\[1em]
&= \frac{PTI \times t_2 + M \times t_1 - M \times t_2 - TP \times t_2}{PTI} \\[1em]
&= \left(t_2 - \frac{M(t_2 - t_1) + TP \times t_2}{PTI} \right) \\[1em]
&= \left(1 - \frac{M\left(1 - \frac{t_1}{t_2}\right) + TP}{PTI} \right) \times t_2
\end{aligned}
$$

ETR: 유효법인세율
TAX: 손익계산서상의 법인세 비용
PTI: 법인세차감전순이익(pretax income)
TP: 조세혜택액(tax preferences)
t_1, t_2: 법정법인세율($t_1 \langle t_2$)
M: 법정법인세율 적용의 분기점이 되는 기준이익, 우리나라는 1억 원

위 식에서 볼 수 있는 것처럼 2단계 누진세율이 적용되는 경우에도 유효법인세율은 조세혜택액뿐만 아니라 세전이익, 법정법인세율(t_1, t_2) 및 기준이익에 의해 결정된다.

한편, 조세혜택액과 세제상 보조금의 관계를 살펴보면 다음과 같다.

PTI $\rangle$ M이고 TI $\rangle$ M인 경우	PTI $\rangle$ M이고 TI $\langle$ M인 경우	PTI $\langle$ M이고 TI $\rangle$ M인 경우
TS=TP×t_2	TS=(PTI-M)×t_2 -(TI-M)×t_1	TS=(PTI-M)×t_1 -(TI-M)×t_2

단일세율 대신에 2단계 누진세율이 적용되는 경우에도 유효법인세율

---

23) 전규안, 전게논문, pp.25-26.

과 조세혜택액, 법인세차감전순이익, 법정법인세율 등의 관계는 기본적
으로 같다.

그런데 누진세율제도라고 하더라도 우리나라의 경우는 기준금액이 1
억 원으로 적은 금액이므로, 이것이 분석에 미치는 영향은 적다고 볼
수 있다. 또 2단계 누진세율제도라고 하더라고 세전이익과 과세가능이
익이 모두 기준금액보다 적거나 큰 것이 일반적이며, 다르다고 해도 큰
차이는 없으므로 세제상 보조금은 조세혜택에 세율을 곱한 금액으로 표
시해도 된다.

지금까지 설명한 바와 같이 2단계 누진세율을 적용하여 유효법인세율
을 표현한 경우와 단일세율을 적용하여 유효법인세율을 표현한 경우가
대체로 일치하므로, 앞으로는 단일세율을 적용하여 유효법인세율을 표
현한 경우를 이용하여 논의를 전개하기로 한다.

(3) 유효법인세율의 문제점

유효법인세율은 이익이 유효법인세율의 크기에 미치는 영향, 이익이
유효법인세율의 변동성에 미치는 영향, 유효법인세율의 이용가능성, 세
무회계상으로 이월결손금이 존재하는 경우 및 의도적인 완충지대 설정
으로 인한 문제점을 가지고 있으며 이러한 문제점들을 구체적으로 살펴
보면 다음과 같다.

① 이익이 유효법인세율의 크기에 미치는 영향

유효법인세율은 조세혜택액뿐만 아니라 이익의 크기에 의해서도 영향
을 받게 되는데 조세혜택액의 크기가 클수록, 그리고 세전이익의 크기
가 작을수록 유효법인세율의 변동이 크다.24)

---

24) P. J. Wilkie, "Corporate Average Effective Tax Rates and Inferences
    about Relative ax Preferences", *The Journal of American Taxation
    Association* 10(Fall, 1988), pp.75-88.

② 이익이 유효법인세율의 변동성에 미치는 영향

유효법인세율의 변동성은 세전 자기자본이익률에 의해 영향을 받는다. 즉, 미국에서의 실증연구 결과에 의하면 세전 자기자본이익률이 낮은 기업들은 유효법인세율에 큰 차이가 있고(유효법인세율의 분산이 크고), 세전 자기자본이익률이 높은 기업들은 유효법인세율에 차이가 별로 없는 것(유효법인세율의 분산이 작은 것)으로 밝혀졌다. 세전 자기자본이익률이 낮은 기업은 세전 자기자본이익률이 낮다는 이유 때문에 유효법인세율이 매우 낮거나 높은 극단치로 보고 되고 세전 자기자본이익률이 높은 기업들은 법정법인세율에 근접해 가는 경향이 나타난다.[25]

③ 유효법인세율의 이용가능성

유효법인세율 계산 시 이용되는 이익이 0 또는 음이면 이용할 수 없다. 즉 기업회계상으로 결손이 발생한 경우에는 세무회계상으로 결손이 발생했는지의 여부에 관계없이 유효법인세율의 경제적 해석이 곤란해진다. 따라서 실증분석을 할 때 분석기간 중에 이익이 0이거나 음수인 기업을 표본에서 제외시키는 것이 일반적이다.[26]

④ 세무회계상으로 이월결손금이 존재하는 경우

이월결손금이 존재하면 유효법인세율이 과소 계상된다. 따라서 당기에 모든 조건이 동일한 기업들이라도 전기 이전에 발생한 결손 때문에 두 기업 간의 유효법인세율이 달라져서 조세부담이 다른 것으로 기록되며, 한 기업 내에서도 연도별로 조세부담이 실제와는 다르게 기록된다.

---

25) P. J. Wilkie and S. T. Limberg, "The Relationship Between Firm Size and Effective Tax Rate: A Reconciliation of Zimmerman(1983) and Porcano(1986)", *The Journa of American Taxation Association* 11(Spring, 1990), pp.63-68.

26) P. J. Wilkie and S. T. Limberg, op. cit, p.49.

이와 같은 문제점이 발생하는 것은 이익이 발생한 경우에는 그에 해당하는 법인세를 납부해야 하지만 손실이 발생한 경우에는 이에 대해서 陰의 법인세를 보상해주지 않는 비대칭적 과세(asymmetric taxation)제도 때문이다. 특히 우리나라처럼 세무회계상 결손의 전기소급공제가 인정되지 않고 후기 이월만 인정되는 경우에는 비대칭적 과세로 인한 문제에 더욱 주의를 기울여야 한다.[27]

⑤ 의도적인 완충지대 설정

Spooner[28]에 의하면 유효법인세율은 기업의 이익에 부과되는 조세의 정도를 측정하기 위한 목적으로 구해지지만 기업들은 때로는 국세청으로부터 세무조사를 받게 되는 경우에 더 많은 세금을 내게 되는 것을 회피하기 위해 미리 완충지대(cushion)를 설정한다. 즉 기업은 어떤 경우에는 그들이 실제로 예상하는 조세액보다 세금을 과대 계상하는 경우가 있다. 이와 같은 경우에 유효법인세율은 실제 기업의 조세부담을 과대 표시하는 문제점이 있다.

4. 현행 법인세제상 차별적 조세부담의 내용

현행 법인세제라 함은 법인소득의 과세와 관련되는 法源을 총칭하는 것으로서 법인세법, 법인세법 시행령 및 법인세법 시행규칙뿐만 아니라

---

27) 우리나라에서는 현재 세무회계상의 이월결손금에 대해서 5년간의 후기 이월이 인정된다. 그러나 우리나라에서도 중소기업에 한해서 1997년 1월 1일 이후 개시하는 사업연도에 발생하는 결손금에 대해서는 소급공제를 인정해 줄 예정이다. 소급공제 기간은 1년이며, 환급 세액은 전기납부세액을 한도로 한다.

28) G. M. Spooner, "Effective Tax Rates From Financial Statement", *National Tax Journal*(September, 1986), pp.293-306.

조세특례제한법이나 외국인투자촉진법 등의 법인세 과세에 관한 사항을 포함하고 있다. 이러한 법인세제의 내용을 고찰해 보면 외형적 조세부담의 차별을 규정한 내용이 많이 포함되어 있다. 차별적 조세부담의 내용에는 결정세액을 증가시키는 불리한 차별과 조세혜택을 부여하는 유리한 차별이 있으며 여기서 차별적 법인세제라 함은 일반적으로 인정되는 회계원칙에 의하여 계산된 기업회계이익이 기업의 실질 이익을 나타내는 代用値라는 점에서 이 기업회계이익과 다른 결과를 초래하도록 규정한 것을 의미한다.[29] 차별적 조세부담의 내용을 정리해 보면 다음과 같다.

1) 企業利益과 課稅所得의 差異

기업회계와 세무회계는 그 기능과 목적이 다르기 때문에 기업회계기준에 의하여 산출되는 기업이익(세전이익)과 세법의 규정에 따라 산출되는 과세소득(각 사업연도소득)은 일치하지 않는 것이 일반적이다. 기업회계상 이익은 수익에서 비용을 차감하여 계산하며 일반적으로 비교가능한 기업실체의 수익성 혹은 주당 순이익 등을 의미한다. 이에 비해 각 사업연도소득이란 당해연도의 익금에서 손금을 차감하여 계산하며 이때의 소득은 법인세액을 납부할 특정주체의 세원을 뜻한다. 이러한 양자의 개념상 차이는 엄격히 구별할 필요가 있으며 양회계의 본질과 그 차이를 이해하는 데 도움이 된다.[30]

이와 같이 세전이익과 각 사업연도소득 간에는 차이가 발생하게 되는데 그 차이는 일시적 차이와 영구적 차이로 나눌 수 있다. 일시적 차이란 어떤 회계연도에 세전이익과 각 사업연도소득 간의 차이가 발생한 후 미래기간에 차이가 반전되는 세전이익과 각 사업연도소득과의 차이

---

29) 이준규, 전게논문, p.31.

30) 이우택, 오성열, "법인세배분회계의 유용성에 관한 실증적 연구", *세무학연구* 제9권(1997년 2월), pp.9-10.

로서, 유보로 소득 처분되는 세무조정사항을 말한다. 영구적 차이란 어떤 회계연도에 차이가 발생하였지만 미래기간에 차이가 반전되지 않는 세전이익과 각 사업연도소득 간의 차이로서, 사회유출로 소득 처분되는 세무조정사항을 말한다. 일시적 차이와 영구적 차이는 모두 회계이익을 과세소득으로 조정하는 데 고려되어야 하나 영구적 차이는 발생 년도의 과세소득에만 영향을 미칠 뿐 미래의 과세대상금액 또는 공제대상금액이 되지 못하기 때문에 법인세 기간 배분대상에는 포함되지 않는다.

2) 非课税所得

비과세소득이라 함은 국가가 입법적 과세권을 포기한 소득으로서 납세의무자에게 유리한 영구적 차이이다. 현행 법인세법에서 비과세소득은 내국법인의 각 사업연도의 소득 중 공익신탁의 신탁재산에서 생기는 소득만으로 한정하고 있다.[31]

3) 所得控除

소득공제는 각 사업연도소득에서 일정금액을 차감하게 함으로써 조세혜택을 부여하는 것으로 납세의무자에게는 비과세소득과 같이 유리한 영구적 차이이다. 유동화전문회사 등은 당기순이익에서 이월이익잉여금을 가산한 금액 또는 이월결손금을 공제한 금액의 100분의 90 이상을 배당할 경우 그 금액을 당해 사업연도의 소득금액계산에서 공제 받을 수 있다.[32]

---

31) 법인세법 제51조.
32) 법인세법 제51조의 2.

4) 法定税率의 差等适用

법인세 산출세액의 계산에 있어서 법정세율은 모든 법인에게 동일한 비례세율을 적용하여야 공평하나 현행 법인세제에서는 법인의 유형 및 과세표준의 크기에 따라 〈표 2-4〉에서 본 바와 같이 차별적으로 적용하고 있다. 일반법인은 과세표준이 1억 원 이하인 경우 16%의 세율을 1억 원을 초과할 경우는 1천600만 원+1억 원 초과금액의 28%의 세율을 적용하고 있다. 조합법인 등은 12%, 국내사업장·부동산소득 및 산림소득이 있는 외국인의 경우는 내국법인의 세율을 적용하며 영리내국법인 및 조합법인 등은 과세표준이 1억 원 이하인 경우는 16%, 1억 원을 초과할 경우는 1천600만 원+1억 원 초과금액의 28%를, 그리고 조합법인 등은 12%의 세율을 적용하고 있다.

5) 税額控除

세액공제는 일단 산출된 법인세액에서 그 조세부담 자체를 차감시켜 주는 것이기 때문에 소득공제와 같이 납세의무자에게 유리한 영구적 차이가 된다. 법인세법상 세액공제는 외국납부세액의 공제(제94조)와 재해손실에 대한 세액공제(제58조)가 인정되고 있으며, 조세특례제한법상 투자세액공제(제5조)가 허용되고 있다.

6) 税額減免

세액감면은 특정소득에 대하여 법인세를 완전면제 또는 일부 경감해 줌으로써 납세의무자에게 유리한 영구적 차이가 된다. 감면액은 감면대상소득 금액을 포함한 과세표준을 기준으로 법인세 산출세액을 계산한 후 그 산출세액에 감면대상소득이 과세표준에서 차지하는 비율을 곱하

여 계산하기 때문에 과세표준에서 제외된 후 초과누진세율의 적용을 받
는 소득공제보다 조세혜택 면에서 불리하게 된다.[33)

　법인세법상 감면 또는 세액공제를 적용 받던 내국법인이 합병 또는
분할하는 경우에는 세액감면 또는 세액공제의 적용을 받을 수 있다.[34)

제2절 법인세 부담과 호텔기업의 특성

1. 호텔기업에 부과되는 조세의 종류

　호텔기업에 부과되는 조세의 종류는 [그림 2-1]과 같이 국세(교육세,
농어촌특별세, 관세, 임시수입부가세), 직접세(소득세, 법인세, 재평가
세), 간접세(부가가치세, 특별소비세, 전화세, 인지세), 보통세(취득세, 등
록세, 면허세), 목적세(공동시설세, 지역개발세), 보통세(주민세, 재산세,
자동차세, 종합토지세) 및 목적세(도시계획세, 사업소세)로 분류된다.

---

33) 이준규, 전게논문, p.42.
34) 법인세법 제96조.

[그림 2-1] 호텔기업에 부과되는 조세의 종류

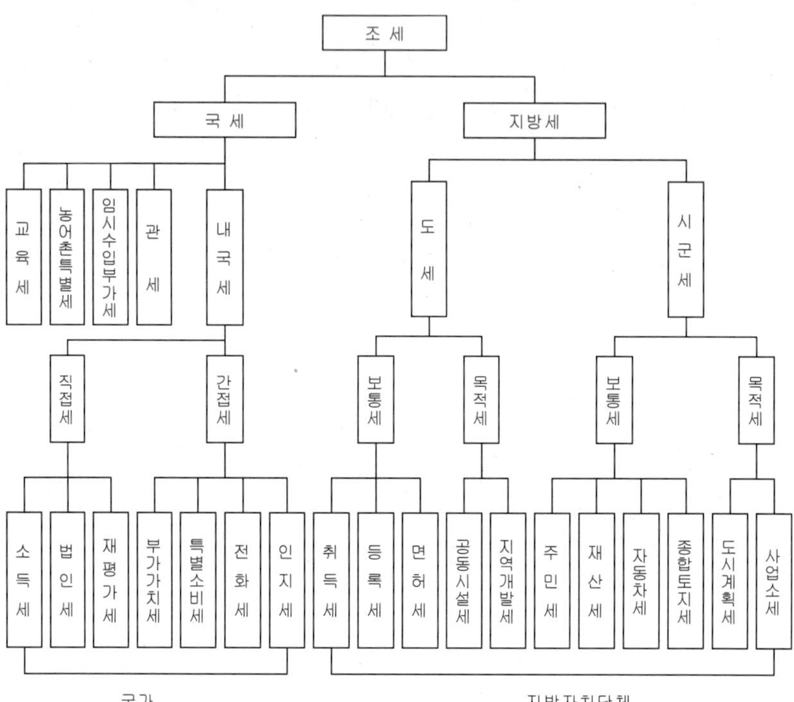

　　부가가치세의 경우 호텔기업에 영의 세율이 적용되도록 하고 있으나
이를 위해서는 외교관 면세 판매 기록표를 제시하여야 하는 등[35] 증빙
의 어려움으로 인하여 영의 세율적용 규정이 사실상 유명무실한 상태이
다. 특별소비세는 관광진흥법에 의한 관광숙박업의 경영자가 외국인 관
광객·재외국민 또는 외국인선원들에게 외화를 받고 숙박용역과 함께
제공하는 유흥음식행위의 경우 면세를 받을 수 있도록 규정하고 있
다.[36] 호텔기업의 법인세의 경우 기타 산업과 마찬가지로 법정법인세율
의 적용을 받고 있으나 법인세 감면 및 세액공제 규정에서 제외되어 있

---

35) 부가가치세법시행령 제26조.

36) 특별소비세법 제19조.

다. 그러므로 호텔시설 자체가 상품인 호텔기업의 경우 개보수 시에 세액공제를 받지 못하여 개보수비용을 과다하게 지출하고 있다. 면허세에는 시설 면허세, 식당별 면허세, 보일러 면허세 등이 있다. 또한 준조세로는 장애인고용부담금, 환경개선부담금, 교통유발부담금, 고용보험, 세금과 공과(협회비, 상공회의소비 등) 및 기부금 등이 있다.[37]

2. 호텔기업의 법인세 부담 실태

2000년 현재 호텔기업에 적용되고 있는 법정법인세 과세율은 〈표 2-4〉에서 보는 바와 같이 과세표준에 대하여 일반법인은 과세표준액이 1억 원 이하이면 16%, 1억 원을 초과하면 1천 600만 원에 1억 원 초과금액의 28%를 더하여 과세하고 있다.[38]

〈표 2-5〉에서 보는 바와 같이 호텔산업의 법인세 부담 실태를 기간별로 살펴보면 1998년은 1997년도에 비해 30.4% 가량 법인세액이 줄어들었는데 이는 법인세차감전순이익이 1997년 약 1,059억 원에서 1998년 약 318억 원으로 줄어들었기 때문이다. 그러나 1999년에는 1998년에 비해 36.1% 법인세액이 증가되었다.[39] 이는 경기가 회복됨으로써 호텔기업의 수익성이 향상되었기 때문이다. 반면 제조업은 1997년에 비해 1998년에는 4.1%, 1999년에는 1998년에 비해 58% 각각 법인세액이 증가되었다. 항공 운송업의 경우 법인세액이 1997년에 비해 1998년에는 96.3% 줄어들었으며 1999년에는 법인세 비용이 없었다. 여행알선 및 운수관련 서비스업의 경우 1997년 대비 1998년의 법인세액은 8.1% 감소하였으나, 1998년 대비 1999년의 법인세액은 93.5% 증가되었다. 또한

---

37) 특급 호텔 재경과 이사와의 인터뷰 자료.
38) 조세통람사, 전게서, p.1435.
39) 한국은행, 「기업경영분석」, 1997, pp.98-489; 1998, pp.98-489; 1999, pp.98-489.

부동산, 임대 및 사업서비스업의 경우는 1997년 대비 1998년의 법인세액은 5.8%, 1998년 대비 1999년의 법인세액은 67.9% 각각 증가되었다. 이를 요약해 보면 항공 운송업을 제외한 호텔업, 여행알선업 및 운수관련 서비스업과 부동산, 임대 및 사업서비스업 등 환대 산업 및 기타 서비스업의 법인세액은 1998년 이후 증가되었으며 제조업은 1997년부터 1999년까지 계속해서 법인세액이 증가되고 있음을 알 수 있다.

<표 2-5> 업종별 법인세 부담 실태(단위: 백만 원)

업 종 \ 법인세액	1997	1998	1999
제조업	2,089,559	2,175,240	3,437,717
호텔업	69,631	48,450	65,941
항공운송업	645	24	-
여행알선 및 운수관련 서비스업	41,135	37,795	73,132
부동산, 임대 및 사업서비스업	157,897	167,002	280,424

자료: 한국은행, 「기업경영분석」, 1997, pp.98-489; 1998, pp.98-489; 1999, pp.98-489.

3. 현행 법인세제상 호텔기업에 대한 차별적 법인세 부과 내용

앞서 살펴본 바와 같이 법인세제는 외형적 조세부담의 차별을 초래하는 여러 가지 형태의 규정들을 내포하고 있다. 이러한 차별적 법인세 부담에 관한 규정들 중 호텔기업에 적용될 수 있는 부정적 차별 규정과 긍정적 차별 규정을 기타 산업과 비교하여 설명하면 다음과 같다.

1) 호텔기업에 있어 법인세 부담의 차별을 초래하는 부정적 법인세 규정

(1) 투자준비금의 손금산입

대통령령이 정하는 중소기업을 영위하는 법인이 투자준비금을 손금으로 계상한 때에는 당해사업연도 종료일 현재의 사업용 자산 가액의 20%를 곱하여 산출한 금액의 범위 안에서 당해사업연도의 소득금액 계산에 있어서 이를 손금에 산입하도록 하고 있다.[40] 이때 대통령령이 정하는 중소기업은 제조업, 광업, 건설업, 운수업, 어업, 도매업, 소매업, 부가통신업, 연구 및 개발업 등이 포함되나[41] 호텔업은 제외되어 있다.

(2) 투자세액공제

중소기업(제조업, 광업, 건설업, 운수업, 어업, 도매업, 소매업, 부가통신업, 연구 및 개발업 등)이 사업용 자산을 새로이 취득하여 투자한 경우에는 당해 투자금액의 3%에 상당하는 금액을 그 투자를 완료한 날이 속하는 과세연도의 소득세 또는 법인세에서 공제하도록 하고 있다.[42] 특급호텔의 경우 사업 다각화를 도모하기 위해 사업용 자산을 취득하는 경우가 많은데, 컨벤션 센터와 관련된 자산 취득이 그 예이다. 그러나 특급호텔은 이 경우에 투자 세액공제를 받을 수 없다.

(3) 생산성향상시설투자 세액공제

제조업이 생산성향상을 도모하기 위하여 공정개선 및 자동화 시설, 첨단기술설비 및 노후시설의 개체를 위한 시설에 투자하는 경우 당해 투자금액의 5%에 상당하는 금액을 소득세 또는 법인세에서 공제 받을

---

40) 조세특례제한법 제4조.
41) 조세특례제한법시행령 제2조.
42) 조세특례제한법 제5조.

수 있도록 되어 있다.[43] 호텔산업의 경우 유형자산의 노후화가 기타 산업에 비해 빠르고 건물 등 유형자산 자체가 하나의 상품이기 때문에 노후시설 개체를 위한 투자액에 대해 세액공제의 규정이 적용될 필요가 있다.

(4) 창업중소기업 등에 대한 세액감면

2003년 12월 31일 이전에 대통령령이 정하는 수도권 외의 지역에서 창업한 중소기업은 당해 사업에서 최초로 소득이 발생한 날이 속하는 과세연도와 그 다음 과세연도의 개시일부터 5년 이내에 종료하는 과세연도까지 당해 사업에서 발생한 소득에 대한 소득세 또는 법인세의 100의 50에 상당하는 세액을 감면 받을 수 있다. 이때 창업중소기업의 범위는 제조업, 광업, 부가통신업, 연구 및 개발업, 방송업 등을 영위하는 중소기업으로 정하고 있다.[44] 건설 중인 호텔의 경우 이 규정의 적용에서 제외되어 있다.

(5) 중소제조업 등에 대한 특별세액감면

제조업, 부가통신업, 연구 및 개발업, 방송업, 엔지니어링사업, 정보처리 및 컴퓨터운용관련업 또는 물류산업을 영위하는 내국인 중 중소기업에 대하여는 2003년 12월 31일 이전에 종료하는 과세연도까지 당해 사업에서 발생한 소득에 대한 소득세 또는 법인세의 100분의 20에 상당하는 세액을 감면 받도록 하고 있다.[45] 호텔업의 경우 IMF 등과 같은 환경변수로 인해 수익성이 많이 줄어들었으므로 이 규정이 적용되어 진다면 수익성 개선에 많은 도움이 될 수 있다.

---

43) 조세특례제한법 제24조.
44) 조세특례제한법 제6조.
45) 조세특례제한법 제7조.

(6) 기술 및 인력개발비에 대한 세액공제

중소기업의 경우 2003년 12월 31일까지 각 사업연도에 지출한 기술
및 인력개발비의 100분의 15에 해당하는 금액을 당해 과세연도의 소득
세 또는 법인세에서 공제하도록 하고 있다. 여기서 중소기업은 제조업
및 광업 등에 포함되는 기업으로 호텔업은 제외되어 있다.[46] 호텔업의
경우 종사원들의 서비스가 중요한 상품이므로 서비스의 질을 높이기 위
해 교육비와 같은 인력개발비를 많이 사용하고 있으므로 이 규정의 적
용이 바람직하다고 본다.

(7) 대손충당금 한도초과액의 손금산입

금융기관이 대손충당금계정의 금액을 초과하는 대손금이 발생한 경우
에는 이를 재평가적립금과 상계하고 상계된 금액은 당해 금융기관의 소
득금액계산상 이를 손금에 산입하도록 하고 있다.[47] 호텔업도 IMF와
같은 외부 환경으로 인해 대손이 많이 발생하여 경영상의 어려움을 겪
고 있다. 관광산업 촉진을 위해서는 이 규정에 호텔업이 포함되는 것이
바람직하다고 본다.

2) 호텔기업에 있어 법인세 부담의 차별을 초래하는 긍정적 법인세 규정

(1) 임시투자세액공제

정부가 경기조절을 위하여 필요하다고 인정하는 때에는 대통령령이
정하는 투자를 한 금액의 10%를 초과하지 아니하는 범위 안에서 대통
령령이 정하는 세율, 7%를 곱하여 계산한 금액에 상당하는 세액을 대
통령령이 정하는 과세연도의 소득세 또는 법인세에서 공제하도록 하고

---

46) 조세특례제한법 제10조.
47) 조세특례제한법 제48조.

있다.[48) 여기서 대통령령이 정하는 투자를 한 금액이라 함은 광업, 제조업, 건설업, 도매업, 소매업 그리고 관광진흥법에 의하여 등록한 관광숙박업 및 국제회의 기획업 등을 영위하는 사업용 자산에 해당하는 시설을 새로이 취득하기 위하여 투자하는 금액을 말한다.[49)

(2) 외국인투자 등에 대한 조세특례

법인세·소득세·취득세·등록세·재산세 및 종합토지세를 감면 받는 외국인 투자는 외국인 투자금액이 미화 3천만 불 이상인 관광진흥법시행령 제2조 제2호의 규정에 의한 관광호텔업 및 수상관광호텔업과 미화 5천만 불 이상의 관광진흥법시행령 제2조 제3호의 규정에 의한 종합휴양업으로서 제주도 또는 관광진흥법 제2조 제7호 및 동조 제11호의 규정에 의한 관광단지·관광 특구 내에 새로운 시설을 설치하는 경우이다. 또한 국제회의산업육성에 관한 법률 제2조 제3호의 규정에 의한 국제회의시설을 설치하는 경우에도 위의 조세감면 규정을 적용 받는다.[50)

(3) 접대비의 손금불산입

부동산업 및 소비성서비스업에서 발생하는 수입금액에 다음의 〈표 2-6〉에 규정되어 있는 적용률을 곱하여 산출한 금액의 20%에 상당하는 금액을 손금불산입한다.[51) 여기에서 소비성서비스업이란 관광진흥법에 의한 관광숙박업을 제외한 한국표준산업분류에 의한 숙박업 및 음식점업을 말한다.[52) 따라서 관광숙박업의 경우는 접대비 손금불산입 규정에서 제외됨으로써 법인세액을 감면 받는 효과를 누릴 수 있다.

---

48) 조세특례제한법 제26조.
49) 조세특례제한법시행령 제23조.
50) 조세특례제한법시행령 제116조의 2.
51) 조세특례제한법 제136조.
52) 조세특례제한법시행령 제130조.

〈표 2-6〉 접대비 과세 적용률

수입금액	적용률
100억 원 이하	1만 불의 20
100억 원 초과－500억 원 이하	2천만 원＋100억 원을 초과하는 금액의 1만 불의 10
500억 원 초과	6천만 원＋500억 원을 초과하는 금액의 1만 불의 3

자료: 법인세법 제25조.

(4) 광고선전비의 손금불산입

소비성서비스업과 관련하여 지출한 광고선전비가 있는 경우 그 수입금액에 대한 광고선전비의 비율이 대통령령이 정하는 비율, 2%를 초과하는 때에는 그 초과하는 비율에 해당하는 금액은 각 과세연도의 소득금액계산에 있어서 이를 손금에 산입하지 아니한다.[53] 소비성서비스업에 관광진흥법에 의한 관광숙박업은 제외됨으로 광고선전비 손금불산입 규정에서 제외됨으로써 법인세액을 감면 받는 효과를 누릴 수 있다.

(5) 특정설비투자에 대한 세액공제

산업정책상 필요하다고 인정되는 시설에 2000년 12월 31일까지 투자하는 경우에는 당해 투자금액의 100분의 5에 상당하는 금액을 소득세 또는 법인세에서 공제 받도록 하고 있는데 해당되는 시설은 에너지절약시설, 공해방지시설 및 산업재해예방시설 등이다.[54] 호텔업의 경우 에너지절약시설, 소음・진동방지시설 및 방음・방진시설과 같은 특정설비시설에 대해 법인세액 공제를 받을 수 있다.

이상에서 살펴본 바와 같이 중소기업에 대한 조세특례 규정은 보다 포괄적이고 장기적이며 위에서 언급되지 않은 많은 부분의 조세특례 규

---

53) 조세특례제한법 제137조.
54) 조세특례제한법 제25조.

정이 있다. 그러나 호텔기업의 경우 조세특례 규정의 적용 범위가 협소하고 한시적이며 호텔기업에 적용되는 조세특례 규정 자체가 많지 않은 것이 현실이다. 호텔산업의 경우 특급호텔은 대기업으로 분류되어 중소기업에 적용되는 조세특례 규정의 적용을 거의 받지 못하고 있으며 비특급호텔이나 지방호텔의 경우는 중소기업으로 분류는 되나 법인세차감전순이익이 낮아 실제적인 감면 효과가 낮은 실정이다. 그러므로 호텔기업의 특성을 고려해 볼 때 몇몇 조세특례 제한 규정이 특급호텔과 신규호텔의 경우에도 적용되어야 한다고 본다. 1998년 12월의 세법 개정으로 인해 이전보다는 많은 부분들이 시정되었으나 관광산업의 중요성이 다시금 재고되고 있는 현 시점에서 호텔기업에 대한 보다 적극적인 조세특례 규정이 적용되어야 하겠다.

제3절 법인세 부담과 기업 특성에 관한
기존 연구의 검토

기업의 법인세 부담과 기업 특성에 관한 기존 선행연구들을 정리·요약하면 다음과 같다.

1. 법인세 부담과 기업규모에 관한 연구

Zimmerman은 실증적 회계이론(positive accounting theory)에서의 정치적 비용가설(political cost hypothesis)을 검증하기 위해 기업규모와 조세(정치적 비용의 대용치)의 관계를 연구하였다. 기업의 규모와 유효법인세율의 관계를 시계열자료를 이용하여 분석한 결과, 미국의 상위 50대 상장기업의 유효법인세율이 다른 기업에 비해 유의적으로 높은 것으로 나타났다. 그러나 유효법인세율이 규모에 비례하여 증가하지는 않았다는 결론을 얻었다.[55]

Porcano는 Value Line의 자료를 이용하여 기업규모와 유효법인세율 간의 관계를 분석하여 기업규모와 유효법인세율 간에는 역의 관계가 성립한다는 결론을 얻었다.[56]

Wilkie와 Limberg는 Zimmerman과 Porcano의 연구를 반복해 보았는데, 두 연구의 상반된 결론은 연구의 실증절차, 즉 유효법인세율에 대한 정의, 표본선택절차, 기업규모의 측정치 및 자료수집방법의 차이에서 기인한다는 결과를 얻었다.[57]

Kern과 Morris는 다시 Zimmerman과 Porcano의 연구를 검토한 결과, 1980년대 중반 이후에는 기업규모와 유효법인세율 간에 특별한 관계가 존재하지 않는다는 결론을 얻었다.[58]

Wang은 순영업손실이 기업규모와 유효법인세율 간의 관계에 영향을 미친다는 결론을 얻었다.[59]

우리나라의 경우 조성표는 초대규모기업군이 상대적으로 법인세 부담(명시적 조세)은 낮고 준조세부담(암묵적 조세)은 높다는 결론을 얻었

---

55) J. L. Zimmerman, "Taxes and Firm Size", *The Journal of Accounting and Economics* 5(August, 1983), pp.119-149.

56) T. M. Porcano, "Corporate Tax Rates: Regressive, Proportional or Regressive", *The Journal of American Taxation Association*(Spring, 1986), pp.17-31.

57) P. J. Wilkie and S. T. Limberg, op. cit, pp.76-91.

58) B. B. Kern and M. H. Morris, "Taxes and Firm Size: The Effects of Tax Legislation During the 1980s", *The Journal of American Taxation Association*(Spring, 1992), pp.80-96.

59) S. W. Wang, "The Relation Between Firm Size and Effective Tax Rates: A Test of Firms' Political Success", *The Accounting Review*(January, 1991), pp.158-169.

다.[60] 노현섭과 정문현은 기업규모가 클수록 유효법인세율이 낮다는 결과를 얻었으며[61], 권순철과 권순창은 기업규모와 유효법인세율 간에 관계가 없다는 결과를 제시하였다.[62] 전규안도 기업의 규모와 유효법인세율과는 관계가 없다는 결과를 제시하였다.[63]

2. 법인세 부담과 기업의 기타 특성에 관한 연구

Stickney와 McGee는 유효법인세율과 기업 특성과의 관계를 연구하였다. 즉 주요 미국기업들의 유효법인세율이 기업의 규모, 자본집약도, 해외영업활동비중, 천연자원 개발사업과의 관련 정도 및 부채비율과 관련이 있는가를 알아봄으로써 법인세의 중립성을 실증적으로 검증하였다. 그 결과 부채비율과 자본집약도 및 천연자원 개발사업과의 관련 정도는 유효법인세율과 음의 상관관계에 있었으며, 해외영업활동비중과 기업규모는 유효법인세율의 차이를 설명하지 못하는 것으로 나타났다.[64]

국내 논문으로 김성기와 안숙찬은 손익계산서상의 법인세를 세전순이익과 감가상각비의 합으로 나눈 하나의 측정치만을 이용해서 분석한 결과 수출비율, 자본집약도, 부채비율과 기술투자비율이 높을수록 기업의

---

60) 조성표, "우리나라 기업의 정치적 비용에 관한 실증연구: 명시적 조세와 암묵적 조세를 중심으로", *회계학 연구* 제10호(1990년 9월), pp.177-205.

61) 노현섭, 정문현, "기업규모와 유효법인세율 간의 관계: 정치적 비용 가설과 조세혜택 가설의 검증", *세무학 연구* 제6호(1995년 7월), pp.85-114.

62) 권순철, 권순창, "상장기업의 유효법인세율에 관한 검토", *세무학 연구* 제5호(1993년 12월), pp.73-93.

63) 전규안, 전게논문, p.115.

64) C. P. Stickney and V. E. McGee, "Effective Corporate Tax Rate-The Effect of Size, Capital Intensity, Leverage and Other Factors", *The Journal of Accounting and Public Policy* 1(Winter, 1982), pp.125-152.

유효법인세율은 낮아지며 규모는 유효법인세율과 유의적인 상관관계가 없다는 결론을 얻었다.[65]

김용훈은 산업별 조세부담의 차이를 분석하여 산업 간에 유효법인세율에 차이가 있다는 결과를 얻었다.[66]

이와 같이 법인세 부담과 기업 특성에 관한 연구는 다양한 분야에서 다양한 방법으로 이루어져 왔는데, 이러한 논문들은 모두 유효법인세율을 조세부담의 지표로 이용했으므로 연구의 결과들은 유효법인세율이 조세부담을 측정하는 타당한 지표라는 전제하에서 이루어진 것이다. 앞서 언급한 바와 같이 유효법인세율을 조세부담의 측정 지표로 사용하는 데 몇 가지 문제점이 있음에도 불구하고 가장 널리 보편적으로 사용되고 있기 때문에 본 연구에서도 조세부담의 측정 지표로써 유효법인세율을 사용하고자 한다.

지금까지 언급한 법인세 부담과 기업 특성에 관한 기존 연구를 간단히 요약하면 〈표 2-7〉과 같다.

---

65) 김성기, 안숙찬, "유효법인세율 결정요인에 관한 연구", *경영논집(서울대학교 경영 연구소)* 28권 3, 4호(1994년 12월), pp.100-118.
66) 김용훈, "조세지원의 효과에 관한 연구: 유효법인세율을 통한 분석", *세무학 연구* 제7호(1996년 1월), pp.151-183.

〈표 2-7〉 법인세 부담과 기업 특성에 관한 기존 연구의 요약

논 문	논문의 주요 결과	이용 자료
Zimmerman(1983)	미국 50대 상장기업의 유효법인세율이 상대적으로 높다. 그러나 규모와 유효법인세율이 단조적으로 변하지는 않는다.	Compustat 자료*
Porcano(1986)	기업규모와 유효법인세율 간에는 역의 관계가 있다. 즉 조세체계가 역진적이다.	Value Line 자료**
Wilkie와 Limberg (1990)	Zimmer와 Porcano의 결과 차이는 실증 절차의 차이에서 기인한 것이다.	Compustat 자료
Kern과 Morris (1992)	1980년대 중반 이후에는 기업규모와 유효법인세율 간에 관계가 없다.	Compustat 자료, Value Line 자료
Wang(1991)	순영업손실이 기업규모와 유효법인세율 간의 관계에 영향을 미친다.	NAARS 자료
조성표(1990)	초대규모기업군은 상대적으로 법인세부담(명시적 조세)이 낮고 준조세부담(암묵적 조세)이 높은 것으로 나타났다.	상장회사 database
권순철과 권순창 (1993)	기업의 규모와 유효법인세율은 상관관계가 없다.	상장회사 database, 상장회사총람
노현섭과 정문현 (1995)	기업의 규모가 클수록 유효법인세율이 낮다.	KIS-FAS***
Stickney와McGee (1982)	부채비율과 자본집약도 및 천연자원개발 사업과의 관련 정도는 유효법인세율과 음의 상관관계에 있으며, 해외영업활동비중과 기업규모는 유효법인세율의 차이를 설명하지 못한다.	Compustat 자료
김성기와 안숙찬 (1994)	수출비율, 자본집약도, 부채비율, 기술투자 비율은 유효법인세율과 역의 관계, 기업규모는 유효법인세율과 관련 없다.	KIS-FAS
김용훈(1996)	산업 간에 유효법인세율이 다르며 법인세 유연화를 하고 있다.	KIS-FAS
전규안(1997)	기업규모에 따른 법인세 부담을 측정한 결과초대규모기업과 소규모기업이 전반적으로 낮은 조세부담을 가진다는 결과를 얻었다.	KIS-FAS

자료: 전규안, "법인세 부담의 공평성과 기업 특성요인에 관한 연구", 서울대학교 대학원 박사학위논문, 1997, p.48과 논자 재작성.
　* Compustat 자료: 미국 Standard & Poor's사의 재무제표 자료 database.
　** Value Line 자료: 미국 Value Line Investments Service사의 자료.
　*** KIS-FAS: 한국신용평가(주)의 재무제표 자료 database.

제3장 실증연구 설계

제1절 연구 모형의 설정

본 연구의 실증연구 부분은 다음과 같이 구성되어 있다.

첫째, 호텔기업의 특성 요인(규모, 부채비율, 자본집약도, 총개보수비용)과 법인세 부담과의 관련성을 검증하고 둘째, 호텔기업의 세무담당자들에 의한 법인세 규정들에 대한 인식의 차이를 검증하여 셋째, 법인세 규정의 적용에 있어 고려되어야 하는 호텔기업의 특성 요인을 제시하고자 한다. 이를 토대로 실증연구 모형을 설계하면 [그림 3-1]과 같다.

[그림 3-1] 호텔기업의 특성과 조세부담과의 관련성

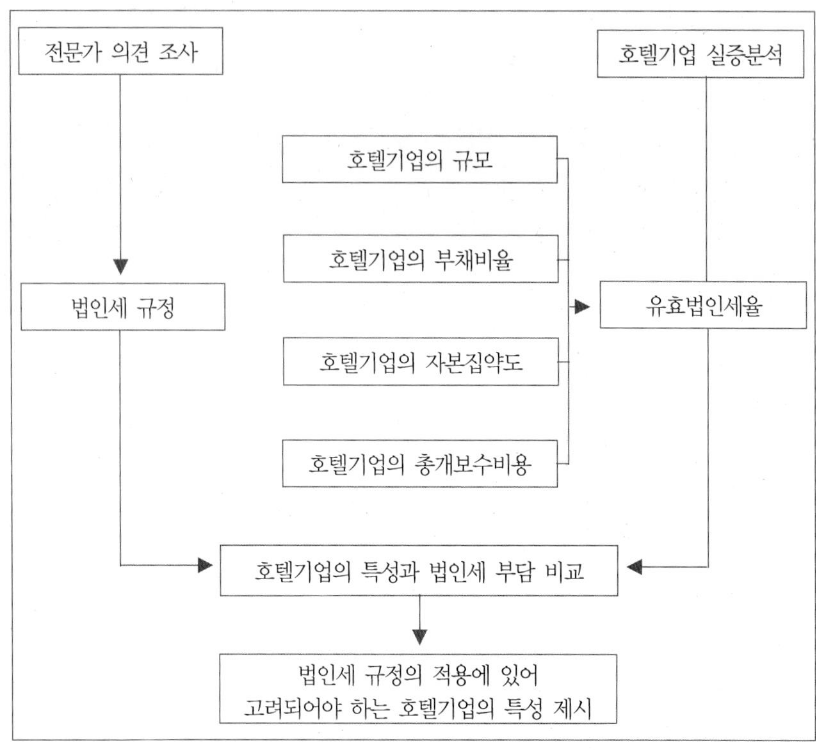

제2절 연구 가설의 설정

전규안[67]과 안숙찬[68]의 법인세 부담과 기업 특성요인에 관한 선행연구와 호텔기업의 특성을 파악하고자 한 논자의 연구를 통해 호텔기업 간의 실질적인 법인세 부담의 차이를 설명할 수 있는 변수로써 ① 호텔

---

67) 전규안, 전게논문, pp.50-54.
68) 안숙찬, 전게논문, pp.133-135.

기업의 규모, ② 부채비율, ③ 자본집약도, ④ 총개보수비용을 선정하였다. 이러한 변수들이 선정된 근거와 법인세 부담에 미치는 영향에 대한 가설을 다음과 같이 설정하였다.

1. 호텔기업의 규모

기업의 규모와 법인세 부담과의 관계를 연구하는 논문에서의 상반되는 두 가지 관점을 살펴보면 다음과 같다.

첫 번째는 Watts와 Zimmerman으로 대표되는 Rochester 학파들이 주장하는 정치적 비용가설(political cost hypothesis)이다. 이는 기업의 규모가 클수록 기업은 많은 정치적 비용을 부담하게 된다. 그러므로 기업은 정치적 비용을 줄이기 위해 이익을 이연시키려 한다는 주장의 대표적인 연구자로 Zimmerman[69]이 있다.

두 번째 견해는 대규모기업일수록 로비(lobby)활동을 통해 정치적 과정(조세입법과정)에 영향을 미칠 수 있는 능력이 많으며, 조세전문가들을 동원하여 세금을 절약하는 조세전략(tax strategy)을 취할 수 있고, 계열기업을 통해 적절한 이익이전(income transfer)을 함으로써 가능한 한 조세를 줄이려고 노력하므로 기업의 규모가 클수록 조세를 덜 부담한다는 것으로 Porcano[70]의 논문이 대표적이다.

따라서 이와 관련하여 가설을 설정하면 다음과 같다.

[가설 1] 호텔기업의 규모와 법인세 부담은 관계가 있을 것이다.

---

69) J. L. Zimmerman, op. cit, p.238.
70) T. M. Porcano, op. cit, pp.17-31.

2. 부채비율

세법에서는 자기자본에 대한 배당은 손금으로 인정해주지 않으나 타인자본에 대한 이자지급은 손금으로 인정해 주므로 타인자본을 많이 이용할수록 법인세 부담은 적어지게 된다. 그러므로 부채비율이 높을수록 기업의 법인세 부담은 적어질 것으로 기대된다.[71] 이와 관련하여 가설을 설정하면 다음과 같다.

[가설 2] 호텔기업의 부채비율과 법인세 부담은 관계가 있을 것이다.

3. 자본집약도

정부에서는 설비투자를 촉진할 목적으로 법인세법과 조세특례제한법에서 감가상각대상자산에 대한 투자에 대해 각종 지원을 하고 있다. 이러한 지원의 예로는 특정설비투자에 대한 세액공제(조세특례제한법 제25조), 임시투자에 대한 투자세액공제(동법 제26조), 사회간접자본투자준비금의 손금산입(동법 제28조), 에너지 절약시설 투자준비금의 손금산입(동법 제30조) 등의 규정이 있다. 그러므로 총자산 중 감가상각대상자산이 차지하는 비율이 많을수록, 즉 자본집약도가 클수록 감가상각으로 인한 감세효과가 커져 기업의 법인세 부담은 감소하게 될 것이다. 이와 관련하여 가설을 설정하면 다음과 같다.

[가설 3] 호텔기업의 자본집약도와 법인세 부담은 관계가 있을 것이다.

---

71) 전규안, 전게논문, pp.51-52.

4. 총개보수비용

호텔기업의 경우 유형자산의 노후화가 기타 산업에 비해 빠르고 건물 등 유형자산 자체가 하나의 상품이기 때문에 노후시설 개체를 위해 일정 기간마다 개보수를 하여야 한다. 이럴 경우 호텔기업의 규모와 상태에 따라 총개보수비용은 상이할 것이며 규모가 큰 호텔일수록 그리고 오래된 호텔일수록 총개보수비용을 많이 지출할 것이다. 따라서 총개보수비용을 많이 지출하는 호텔기업일수록 법인세 부담은 적어질 것으로 기대된다. 이와 관련하여 가설을 설정하면 다음과 같다.

[가설 4] 호텔기업의 총개보수비용과 법인세 부담은 관계가 있을 것이다.

제3절 분석 방법

본 연구에서는 호텔기업의 특성과 조세부담과의 관계를 법인세를 중심으로 파악하고 법인세 규정에 대한 호텔 세무 담당자들의 의견을 파악하여 법인세 규정의 적용에 있어 고려되어야 할 호텔기업의 특성 요인을 제시하기 위해 다음과 같은 방법을 이용한다.

첫째, 호텔기업의 특성 요인과 법인세 부담과의 관련성에 관해 설정한 가설을 검증하기 위해서 선형회귀분석을 이용한다.

둘째, 현 법인세 규정에 대한 호텔기업 세무 담당자들의 의견을 파악하고자 설문조사를 실시하여 응답자들의 인구 통계적 특성에 따른 법인세 규정에 대한 인식의 차이를 분석하기 위해 기술통계 분석, 빈도분석, 다중응답 분석, T-test, 일원 분산분석(one-way ANOVA analysis)과 사후 검정인 Duncan 테스트, 카이제곱 검정 및 비모수통계방법인 Mann-Whitney 검정을 이용한다.

통계패키지로는 SPSS 7.5 for windows를 이용한다.

제4절 표본기업의 선정

본 연구에서는 호텔기업의 특성과 조세부담과의 관련성에 관한 연구를 위해 전국의 총 469개 호텔(특1급 31개, 특2급 50개, 1급 183개, 2급 117개, 3급 76개)[72] 중 다음의 기준을 충족시키는 기업을 표본으로 선정한다.

또한 법인세 규정에 대한 호텔기업 세무 담당자들의 의견을 파악하기 위해 서울 지역 내에 위치한 특1등급, 특2등급과 1급, 2급, 3급 호텔의 세무 담당자들을 대상으로 5점 척도의 설문지 50부를 배포하여 설문조사를 실시한다.

1. 1996년부터 1999년까지의 재무제표를 구할 수 있는 호텔

매일경제신문사와 한국신용평가(주)의 KIS-FAS자료 및 기업의 감사보고서에서 1996년부터 1999년까지의 재무제표를 구할 수 있는 기업을 표본으로 선정하였다. 이것은 자료의 입수가능성 때문에 적용된 기준이다.

---

72) 한국관광호텔업협회, 「한국관광호텔명부」, 2000, p.31.

2. 부도 및 휴업 상태에 있지 않은 호텔

1996년부터 1999년 사이에 부도 및 휴업 상태에 있었던 호텔은 제외시켰다. 부도 및 휴업 상태에 있었던 호텔은 실적이 저조한 기업으로 정상적인 상태의 일반 호텔과는 달리 재무제표에 이상 현상이 발생하여 유효법인세율이 이상적으로 낮거나 높은 극단치를 보일 가능성이 많기 때문이다.

3. 1996년부터 1999년까지 각각 이월결손금이 없었던 호텔

이월결손금이 존재하는 경우에는 이익과 조세혜택액이 같다고 하더라도 유효법인세율이 과소 계상되는 문제점이 있으므로 이월결손금이 있는 기업은 표본에서 제외하였다.

이와 같은 표본기업의 선정과정을 통하여 총 67개의 표본수를 구했으나 자기자본 잠식상태에 있는 호텔 및 각각의 변수에서 극단치의 값을 나타낸 호텔을 제거하고 최종적으로 〈표 3-1〉과 같이 표본수를 얻었다. 표본으로 선정된 호텔과 제외된 호텔을 각각 〈부록 1〉과 〈부록 2〉에 수록하였다.

〈표 3-1〉 표본기업의 최종 표본수

최 종 표 본 수	
1997년의 호텔 표본수	15개
1998년의 호텔 표본수	18개
1999년의 호텔 표본수	23개

제5절 조사 도구의 개발 및 변수의 조작적 정의

1. 조사 도구의 개발

본 연구에서는 호텔기업의 특성과 법인세 부담과의 관련성을 측정하기 위한 조사 도구로써 전규안[73]과 안숙찬[74]의 선행논문과 호텔기업의 특성 요인을 파악하고자 하는 논자의 연구를 통해 유효법인세율, 호텔기업의 규모, 부채비율, 자본집약도 및 총개보수비용을 이용한다.

2. 변수의 조작적 정의

1) 유효법인세율

유효법인세율은 분자와 분모로 무엇을 이용하는가에 따라 여러 가지로 정의 내릴 수 있다. 유효법인세율의 분자는 법인세 비용, 조정 후 법인세를 분모는 매출총이익, 영업이익, 경상이익, 법인세차감전순이익이 이용될 수 있다. 본 연구에서는 유효법인세율의 대용치로 분자는 손익계산서상의 법인세 비용을 분모는 법인세차감전순이익을 이용한다.

2) 호텔기업의 규모

기업의 규모를 나타내는 변수로는 총자산, 매출액, 고정자본의 시가

---

73) 전규안, 전게논문, pp.55-58.
74) 안숙찬, 전게논문, p.139.

(보통주의 시가와 우선주·고정부채의 장부가액의 합), 보통주의 시가, 종업원수 등을 이용하는 것이 일반적이다. 규모를 이용하여 연구한 논문 중에서 대표적인 논문과 이들이 사용한 규모 변수의 대용치를 알아보면 다음과 같다.

연 구	사용된 규모 대리변수			
	총자산	매출액	보통주의 시가	세전이익
Stickney와 MacGee(1982)	0	0		
Zimmerman(1983)		0		
Porcano(1986)	0	0	0	0
Kern과 Morris(1992)		0		
Wang(1991)	0	0		
Atiase(1985)			0	
조성표(1990)	0	0	0	
노현섭과 정문현(1995)		0		
전규안(1996)	0			

0: 사용된 규모 대리변수

Porcano(1986)는 4가지의 규모 대리변수를 이용하여 기업규모와 유효법인세율 간의 관계를 살펴본 결과 유사한 결과를 얻었으며 그중 가장 강하고 일관된 결과는 총자산을 이용하였을 때였다고 보고하고 있다. 따라서 본 연구에서는 호텔의 총자산을 기업의 규모의 변수로 이용한다.

3) 부채비율

부채비율을 나타내는 변수로는 분자로 총부채 및 장기부채 중 어떤 것을 이용하는가에 따라, 또 분모로 총자본 또는 자기자본 중에서 어떤 것을 이용하는가에 따라 달라질 수 있다.[75] 본 연구에서는 총부채를 총자본으로 나눈 것을 부채비율로 이용한다.

4) 자본집약도

자본집약도를 측정하는 방법에는 여러 가지가 있는데 대표적인 예를 들면 다음과 같다.[76]

$$① \quad \frac{총감가상각대상자산}{총자산} \qquad\qquad ② \quad \frac{순감가상각대상자산}{총자산}$$

$$③ \quad \frac{감가상각비}{종업원수} \qquad\qquad ④ \quad \frac{총감가상각대상자산}{종업원수}$$

위의 ①과 ②는 다른 자산에 대한 투자와 비교했을 때의 감가상각대상자산에 대한 투자비율을 자본집약도로 보는 것으로, ①은 감가상각누계액을 제거하기 전의 총감가상각대상자산을 이용하는 반면에 ②는 감가상각누계액을 제거한 후의 순감가상각대상자산을 이용한다는 점에서 차이가 있다. 반면에 ③과 ④는 종업원에 대한 투자와 비교했을 때의 감가상각대상자산에 대한 투자비율을 자본집약도로 보는 것이다. 본 연구에서는 ②를 자본집약도로 보았으며 순감가상각대상자산은 유형자산에서 토지와 건설 중인 자산을 차감한 금액으로 정의하여 자본집약도를 측정하였다.

---

75) 전규안, 전게논문, p.57.
76) 전규안, 전게논문, pp.56-58.

5) 총개보수비용

총개보수비용은 자본적 지출과 수익적 지출을 모두 고려한 총개보수
비용이나 수익적 지출에 해당되는 수리비를 사용할 수 있는데 본 연구
에서는 수리비를 총개보수비용으로 이용한다.

제4장 실증분석 결과

제1절 실증분석 결과(Ⅰ): 가설 검증

1. 가설 1의 검증

[가설 1] 호텔기업의 규모와 법인세 부담은 관계가 있을 것이다.

호텔기업의 규모가 유효법인세율에 어떠한 영향을 미치는가를 알아보기 위하여 선형회귀분석을 실시하여 다음과 같은 결과를 얻었다. 여기서 호텔기업의 규모로는 총자산을 이용하였고 유효법인세율의 대용치로는 분자는 법인세 비용을 분모는 법인세차감전순이익을 이용하여 분석하였다.

선형회귀분석을 하는 데 있어서는 독립변수들 간에 존재하는 다중공선성(multicollinearity)문제를 고려해야 하므로 분산확대인자(VIF, variance inflation factor)와 고유값(eigen value), 상태지수(condition number), 분산할당 등을 구해 보았다.[77] 그러나 어느 값에서도 심각한 다중공선성 문제가 존재한다는 의심을 가질 만한 증거가 없었으므로 본 회귀식은 다중공선성문제가 심각하지 않은 것으로 본다.

---

[77] 정충영, 최이규, 『SPSSWIN을 이용한 통계분석』, 무역경영사, 1999, pp.212-216. 다중공선성이 존재하는가를 알아보는 데는 여러 가지 방법이 있는데, 일반적으로 분산 확대인자가 10 이상인 경우 또는 고유값이 0.01 이하인 경우, 상태지수가 100 이상인 경우, 큰 분산할당이 존재하는 경우에는 다중공선성에 심각한 문제가 있는 것으로 판단한다. 본 회귀식에서는 위의 조건에 해당하는 경우가 없으므로 다중공선성에 심각한 문제가 없는 것으로 보인다.

또 이상점이 회귀식에 미치는 영향을 제거하기 위해 표준화 제외잔차, 적합값 변화, 모수값 변화, 공분산 비율 등을 구하여 회귀식에 중대한 영향을 미치는 영향점을 제거한 후에 다중회귀분석을 하였다.

〈표 4-1〉에 잘 나타나 있듯이 호텔기업의 규모와 법인세 부담과의 관계검증 결과 유의도가 0.030으로 유의 수준 0.05에서 유의적인 양의 값을 갖는 차이가 나타났다. 이는 조성표(1990), 권순철과 권순창(1993), 김성기와 안숙찬(1994), 노현섭·정문현(1995), 전규안(1996), Stickney and MacGee(1982)의 연구 결과와는 다르나 Zimmerman(1983)의 대기업이 높은 세율을 부담한다는 연구 결과와는 일치한다. 호텔기업의 경우 총자산 규모가 큰 호텔들은 대부분이 특급호텔들로 현대적 시설 및 고급 이미지로 많은 고객들을 유인하고 있다. 호텔기업에 있어 시설 및 규모는 고객을 창출하는 데 영향을 미치는 중요한 요소로 특급호텔과 같이 현대화된 시설을 갖추고 있는 큰 규모의 호텔들은 비특급호텔들에 비해 이러한 규모의 이점으로 인해 많은 영업이익을 창출하고 있다. 미국의 경우 규모가 큰 호텔의 수익성이 규모가 작은 호텔과 큰 차이가 없는 것으로 알려지고 있다. 저가(budget)호텔이나 중간 가격대(mid-price)의 호텔의 수익성이 특급호텔과 같은 대규모 호텔들보다 더 높은 경우도 허다하다. 하지만 실제로 국내 특급호텔의 수익성이 일반적으로 규모가 작은 비특급 관광호텔보다 높은 것은 잘 알려져 있는 사실이다. 국내 호텔기업에 있어 시설의 규모와 다양성은 영업이익에 지대한 영향을 미치며 이로 인해 유효법인세율도 영향을 받게 되는 것이다. 국내 호텔의 경우 규모가 큰 특급호텔은 규모가 작은 비특급호텔에 비해 영업이익이 높게 나타나므로 특급호텔이 비특급호텔에 비해 법인세를 많이 지불하게 되는 것이다. 따라서 호텔의 규모가 클수록 일반적으로 법인세 부담이 많아지게 되는 것이다.

2. 가설 2의 검증

[가설 2] 호텔기업의 부채비율과 법인세 부담은 관계가 있을 것이다.

호텔기업의 부채비율이 유효법인세율에 어떠한 영향을 미치는가를 알아보기 위하여 선형회귀분석을 실시한 결과 다음과 같은 결과를 얻었으며 여기서도 앞서 언급한 다중공선성상의 문제는 존재하지 않았다. 여기서 부채비율은 분자를 총부채로 분모를 총자본으로 하여 계산하였다.

〈표 4-1〉에서 볼 수 있는 바와 같이 부채비율과 법인세 부담과의 관계검증 결과 유의도가 0.116으로 유의 수준 0.05(P〈0.05)와 0.1(P〈0.1)에서 유의적인 차이가 나타나지 않았다. 이러한 결과는 Stickney와 McGee(1982), 김성기와 안숙찬(1994), 전규안(1996)의 연구 결과와는 일치하지 않는다.

본 연구는 전체 표본 중 45%의 호텔이 100% 미만의 부채비율을 보이고 있었다. 부채비율이 낮은 경우 타인 자본에 대한 이자비용이 총비용에서 차지하는 비율이 낮아지므로 이로 인해 유효법인세율에 미치는 영향이 적어 유의적인 차이가 나타나지 않은 것으로 보인다.

3. 가설 3의 검증

[가설 3] 호텔기업의 자본집약도와 법인세 부담은 관계가 있을 것이다.

호텔기업의 자본집약도가 유효법인세율에 어떠한 영향을 미치는가를 알아보기 위하여 선형회귀분석을 실시한 결과 다음과 같은 결과를 얻었으며 여기서도 앞서 언급한 다중공선성상의 문제는 존재하지 않았다. 여기서 자본집약도는 분자를 순감가상각대상자산(유형자산 - 토지 - 건설 중인 자산)으로 분모를 총자산으로 하여 계산하였다.

〈표 4-1〉에서 보는 바와 같이 자본집약도와 법인세 부담과의 관계검증 결과 유의도가 0.021로 유의 수준 0.05에서 유의적인 음의 값을 갖는 차이가 나타났다. 이는 Stickney와 McGee(1982), 김성기와 안숙찬(1994) 및 전규안(1996)의 연구 결과와 일치한다.

자본집약도가 높다는 것은 감가상각대상자산의 비율이 높다는 것을 의미한다. 호텔기업은 그 특성상 건물, 구축물, 기계장치, 차량운반구 및 비품과 같은 감가상각대상자산의 비율이 다른 산업보다 높다. 이것은 호텔의 건물 및 시설 자체가 하나의 상품으로서 고객을 유인하는 매개체로 이용되고 있기 때문이다. 1999년의 업종별 판매비와 관리비에서 감가상각비가 차지하는 비율을 살펴보면 제조업은 0.48%, 호텔업은 3.59%, 항공운송업은 0.52%, 여행알선 및 운수관련 서비스업은 0.81% 그리고 부동산, 임대 및 사업서비스업은 2.06%인 것으로 나타났다.[78] 이와 같이 감가상각대상자산의 비율이 높을 경우 법인세차감전순이익에서 감가상각비를 많이 공제하게 되므로 이로 인해 법인세 부담은 줄어들게 되는 것이다. 따라서 자본집약도가 높은 호텔기업일수록 법인세 부담은 줄어들게 되는 것이다.

4. 가설 4의 검증

[가설 4] 호텔기업의 총개보수비용과 법인세 부담은 관계가 있을 것이다.

호텔기업의 총개보수비용이 유효법인세율에 어떠한 영향을 미치는가를 알아보기 위하여 선형회귀분석을 실시한 결과 다음과 같은 결과를

---

78) 한국은행, 전게서, pp.98-489.

얻었으며 여기서도 앞서 언급한 다중공선성상의 문제는 존재하지 않았다. 여기서 총개보수비용으로는 수선비를 이용한다.

〈표 4-1〉에서 볼 수 있는 바와 같이 총개보수비용과 법인세 부담과의 관계검증 결과 유의도가 0.352로 유의 수준 $0.05(P < 0.05)$와 $0.1(P < 0.1)$에서 유의적인 차이가 나타나지 않았다.

총개보수비용은 자본적 지출과 수익적 지출로 처리될 수 있다. 총개보수비용이 유형자산의 내용 연수를 연장시키거나 지출 금액이 상대적으로 큰 경우는 자본적 지출로 처리하고 지출의 효과가 당기 내에 소멸하는 경우나 지출금액이 상대적으로 작은 경우에는 수익적지출로 처리하게 된다. 본 연구에서는 총개보수비용으로 자본적 지출을 배제한 수익적 지출에 해당되는 수리비만을 이용하여 유효법인세율과의 관계를 밝히고자 하였으며 또한 수리비의 금액이 총비용에서 차지하는 비율이 높지 않아 유효법인세율과 유의적인 차이가 나타나지 않은 것으로 보인다.

〈표 4-1〉 호텔기업의 특성과 유효법인세율에 대한 회귀분석

$$ETRi = a0 + a1\ 부채비율 + a2\ 자본집약도 + a3\ 기업규모 + a4\ 총개보수비 + \varepsilon i$$

독립 변수	베 타	T값	P값	R2
절 편	0.332	8.970	0.000	
부채비율	3.044E-02	1.599	0.116	
자본집약도	-0.249	-2.377	0.021**	0.144
기업규모	4.426E-07	2.233	0.030**	
총개보수비	-2.486E-05	-0.939	0.352	

* $p < 0.1$, ** $p < 0.05$
ETR　　　　 : 유효법인세율: 법인세 비용/법인세차감전순이익
부채비율　 : 총부채/총자본
자본집약도 : (유형자산 - 토지 - 건설 중인 자산)/총자산
기업규모　 : 총자산
총개보수비 : 수선비

제2절 실증분석 결과(Ⅱ): 설문조사 분석

1. 표본의 특성 분석

1) 인구 통계적 특성

표본의 인구 통계적 특성을 분석하기 위하여 빈도분석을 실시하여 〈표 4-2〉와 같은 결과를 얻었다.

표본의 전체 응답자 45명 중 13명(28.9%)의 직급이 대리였으며 과장은 7명(15.6%), 부장은 6명(13.3%), 이사는 10명(22.2%)이며 기타가 9명(20.0%)인 것으로 나타났다. 전체 표본 중 51.1% 이상이 과장급 이상의 직책을 가진 관리자로 호텔기업의 세무 업무를 전문으로 담당하고 있었다.

근무 부서의 경우 경리부 21명(46.7%), 재경부 15명(33.3%), 관리부 6명(13.3%), 기타 3명(6.7%)으로 나타났다.

업종 종사연수는 5년 이하가 9명(20.0%), 5년-10년 사이가 16명(35.6%), 10년-15년 사이가 9명(20.0%), 15년-20년 사이가 2명(4.4%), 20년 이상이 9명(20.0%)으로 5년-10년 동안 호텔기업의 세무 업무를 담당한 종사자가 가장 많았다.

법인세 납세 경험은 5년 이하가 18명(40.0%), 5년-10년 사이가 8명(17.8%), 10년-15년 사이가 7명(15.6%), 15년 이상이 12명(26.6%)으로 법인세 납세 경험이 5년 이하인 세무 담당자가 가장 많았다.

근무하고 있는 호텔의 등급에 대해 응답자 중 34명(75.5%)이 특급, 나머지 11명(24.5%)이 비특급호텔 종사자들이었다.

<표 4-2> 표본의 인구 통계적 특성

구 분		빈 도	퍼센트
직 급	대 리	13	28.9%
	과 장	7	15.6%
	부 장	6	13.3%
	이 사	10	22.2%
	기 타	9	20.0%
	합 계	45	100.0%
근무 부서	경리부	21	46.7%
	재경부	15	33.3%
	관리부	6	13.3%
	기 타	3	6.7%
	합 계	45	100.0%
업종 종사연수	5년 이하	9	20.0%
	5년-10년	16	35.6%
	10년-15년	9	20.0%
	15년-20년	2	4.4%
	20년 이상	9	20.0%
	합 계	45	100.0%
법인세 납세 경험	5년 이하	18	40.0%
	5년-10년	8	17.8%
	10년-15년	7	15.6%
	15년 이상	12	26.6%
	합 계	45	100.0%
근무 호텔의 등급	비특급	11	24.5
	특 급	34	75.5
	합 계	45	100.0%

2) 법인세 규정과 관련한 특성

법인세 규정과 관련한 특성을 살펴보기 위해 아래와 같이 기술통계 분석, 빈도분석, 다중응답 분석을 실시하여 다음과 같은 결과를 얻었다.

(1) 기술통계 분석

〈표 4-3〉에서 보는 바와 같이 법인세 규정과 관련한 특성을 살펴보면, 법인세 부담 정도의 평균값은 3.711로 응답자들은 법인세 부담이 비교적 높은 것으로 인식하고 있었다. 법인세법 개정의 필요성 항목은 평균값이 3.888로 비교적 높았으며, 투자세액공제 규정의 개정 필요성 항목의 평균값도 4.311로 매우 높아 응답자들이 투자세액공제 규정의 개정 필요성을 절실히 인식하고 있음이 나타났다. 또한 투자세액공제 규정에 호텔업이 포함될 경우 기대되는 혜택의 정도를 묻는 항목의 평균값은 3.777로 기대되는 혜택의 정도가 큰 것으로 나타났다.

생산성향상시설투자 세액공제 규정의 개정 필요성 항목의 평균값은 4.000으로 응답자들이 이 규정의 개정 필요성을 인식하고 있는 것으로 나타났다. 또한 생산성향상시설투자 세액공제 규정에 호텔업이 포함되어 질 경우 예상되는 개보수비용의 절감 정도에 관한 항목의 평균값이 3.822로 높아 비용 절감을 상당히 할 수 있을 것으로 기대하고 있는 것으로 나타났다. 투자준비금 손금산입 규정의 개정 필요성 항목의 평균값은 4.066으로 높아 이 규정의 개정 필요성을 인식하고 있는 것으로 나타났다. 창업법인세액감면 규정의 평균값은 3.844, 법인세액감면 규정의 개정 필요성 항목의 평균값은 4.066, 기술 및 인력개발비 세액공제 규정의 개정 필요성 항목의 평균값은 3.800, 초과 대손금의 손금산입 규정의 개정 필요성 항목의 평균값은 3.533으로 각각 비교적 높은 수치를 보여줌으로써 이러한 항목들의 개정 필요성을 인식하고 있음이 나타났다. 법인세 부담의 과세 공평성에 관한 항목의 평균값은 2.577로 비교적 공평하지 않게 인식하고 있었다. 현행 법인세법의 기업 특성 고려 정도 항목의 평균값은 2.400으로 기업 특성 요인을 많이 고려하고 있지 않은 것으로 인식하고 있었다. 현행 법인세제가 탈세의 구실을 주는가에 대한 항목의 평균값은 3.422로 비교적 높게 탈세의 구실을 주고 있는 것으로 인식하고 있었다.

〈표 4-3〉 법인세 규정과 관련한 특성 분석 1

구　분	표본수	평　균
·법인세 부담 정도	45	3.711
·법인세법 개정의 필요성	45	3.888
·투자세액공제 규정의 개정 필요성	45	4.311
·투자세액공제 규정에 포함될 경우의 기대되는 혜택의 정도	45	3.777
·생산성향상시설투자 세액공제 규정의 개정 필요성	45	4.000
·개보수비용의 절감 정도	45	3.822
·투자준비금 손금산입 규정의 개정 필요성	45	4.066
·창업법인세액감면	45	3.844
·법인세액감면 규정의 개정 필요성	45	4.066
·기술 및 인력개발비 세액공제 규정의 개정 필요성	45	3.800
·초과 대손금의 손금산입 규정의 개정 필요성	45	3.533
·법인세 부담의 과세 공평성 정도	45	2.577
·현행 법인세법의 기업 특성 고려 정도	45	2.400
·현행 법인세제가 탈세의 구실을 주는가	45	3.422

주): 각 항목별 질문 응답의 5점 척도(1＝매우 낮음(전혀 불필요), 2＝낮은 편임(불필요), 3＝보통, 4＝높은 편임(필요), 5＝매우 높음(매우 필요)).

(2) 빈도분석

법인세 규정과 관련한 특성을 살펴보기 위해 빈도분석을 실시하여 〈표 4-4〉와 같은 결과를 얻었다.

투자금액세액공제율의 경우 3%를 원하는 응답자가 19명(42.2%)으로 가장 많았다. 생산성향상시설투자 세액공제율에 대해서는 응답자 중 29명(64.4%)이 5%를 원하는 것으로 나타났다. 이는 호텔기업도 제조업, 건설업, 운수업 등의 중소기업과 똑같은 세율의 공제를 희망하고 있음을 보여주는 것이다. 개보수 기간은 5년마다 실시한다가 응답자 중 18명(40.0%)으로 가장 많았으며 다음으로는 3년 미만이 12명(26.7%)으로 많았다. 설문조사를 통해 조사된 총개보수비용은 자본적 지출과 수익적 지출이 함께 고려되어진 것으로 50억 원 미만이라고 대답한 응답자는 17명(37.8%)으로 가장 많았으며 다음으로는 100억 원-150억 원(22.2%) 그리고 200억 원 이상(22.2%)의 순으로 나타났다. 이를 통해 호텔기업이 총개보수에 많은 비용을 소요하고 있음을 알 수 있었다. 호텔기업이 투자준비금 손금산입 규정을 필요로 하는 이유로 응답자 중 26명(57.8%)이 시설확충을 그 이유로 가장 많이 언급했으며 다음으로는 재투자로 응답자 중 18명(40.0%)이 응답하였다. 투자준비금 손금산입률에 대해서는 응답자 중 30명(66.7%)이 20%를 희망하였다. 창업법인세액감면율은 응답자 중 28명(62.2%)이 50%를 희망하였으며 기술 및 인력개발비에 대한 법인세액 공제율은 응답자 중 17명(37.8%)이 15%를 희망하였다. 인력개발소요비용은 응답자 중 19명(42.2%)이 법인세차감전순이익의 1%라고 응답하였다.

〈표 4-4〉 법인세 규정과 관련한 특성 분석2

구 분		빈도	퍼센트	구 분		빈도	퍼센트
· 투자금액 세액공제율	2% 이하	1	2.2	· 생산성향상 시설투자 세액공제율	3% 이하	3	6.7
	3%	19	42.2		4%	2	4.4
	4%	3	6.7		5%	29	64.4
	5%	14	31.1		6%	4	8.9
	6% 이상	8	17.8		7% 이상	7	15.6
	합 계	45	100.0		합 계	45	100.0
· 개보수 기간	3년 미만	12	26.7	· 총개보수비용	50억 미만	17	37.8
	4년마다	1	2.2		50억 - 100억	6	13.3
	5년마다	18	40.0		100억 - 150억	10	22.2
	6년마다	6	13.3		150억 - 200억	2	4.4
	7년 이상	8	17.8		200억 이상	10	22.2
	합 계	45	100.0		합 계	45	100.0
· 창업법인 세액감면율	35% 이하	10	22.2	· 기술 및 인력개발비에 대한 법인 세액공제율	5% 이하	2	4.4
	40%	4	8.9		10%	12	26.7
	45%	2	4.4		15%	17	37.8
	50%	28	62.2		20%	10	22.2
	55% 이상	1	2.2		25% 이상	4	8.9
	합 계	45	100.0		합 계	45	100.0
· 인력개발 소요비용	0.5% 이하	10	22.2	· 투자준비금 손금산입률	10% 이하	7	15.6
	1%	19	42.2		15%	2	4.4
	1.5%	6	13.3		20%	30	66.7
	2%	3	6.7		25%	3	6.7
	2.5% 이상	7	15.6		30% 이상	3	6.7
	합 계	45	100.0		합 계	45	100.0
· 투자준비금 손금산입의 필요 이유	사업다각화	1	2.2				
	시설 확충	26	57.8				
	재투자	18	40.0				
	합 계	45	100.0				

(3) 다중응답 분석

법인세 규정 중 생산성향상시설투자 세액공제 규정에 호텔업이 포함되어야 하는 이유를 파악하기 위해 다중응답 분석을 실시하여 〈표 4-5〉와 같은 결과를 얻었다. 과다한 개보수비용 때문이라고 대답한 응답자가 91.1%로 가장 많았으며 다음으로 고객 만족을 높이기 위해 필요하다고 대답한 응답자는 71.1%, 과다한 감가상각대상자산 때문이라고 대답한 응답자는 60.0%이며 서비스향상 때문이라고 대답한 응답자는 51.1%였으며 26.7%가 수익성 극대화를 위해 생산성향상시설투자 세액공제 규정에 호텔기업도 포함되어야 한다고 응답했다.

〈표 4-5〉 생산성향상시설투자 세액공제 규정의 필요 이유

구 분	빈 도	퍼센트
· 과다한 개보수비용	41	91.1%
· 과다한 감가상각대상자산	27	60.0%
· 수익성 극대화	12	26.7%
· 서비스향상	23	51.1%
· 고객 만족도를 높이기 위해	32	71.1%
합 계	45	300.0%

(4) 법인세 조정 항목의 중요도 순위에 대한 빈도분석

법인세 조정 항목 간의 중요도 순위에 대한 빈도를 파악하기 위해 법인세 조정 항목별로 가중치를 부여하여 카이제곱 검정을 실시하여 다음과 같은 결과를 얻었다.

① 익금산입 항목

카이제곱 검정을 실시한 결과 〈표 4-6〉에서 보는 바와 같이 카이제곱

값이 82.630이고 유의 확률이 0.000(P〈0.05)으로 익금산입 항목 간에 유의적인 차이가 있는 것으로 나타났다. 이 결과를 가지고 익금산입 항목 간의 중요도 순위를 매기면 다음과 같다.

익금산입 항목 중 관측수가 135인 외화평가이익은 1순위, 채무면제 및 소멸로 인한 부채의 감소액의 관측수는 105로 2순위, 전기미수수익의 관측수는 104로 3순위, 자산의 임대료의 관측수는 92로 4순위, 손금산입 중 환입된 금액의 관측수는 79로 5순위, 손금으로 계상된 적립금액의 관측수는 64로 6순위, 무상으로 받은 자산 가액의 관측수는 63으로 7순위, 매출누락의 관측수는 33으로 8순위로 나타났다.

〈표 4-6〉 익금산입 항목 간의 중요도 순위

항 목	관측수	카이제곱	유의 확률
매출누락	33		
무상으로 받은 자산의 가액	63		
손금으로 계상된 적립금액	64		
손금산입 중 환입된 금액	79	82.630	0.000**
자산의 임대료	92		
전기미수수익	104		
채무면제 및 소멸로 인한 부채의 감소액	105		
외화평가이익	135		

* $p < 0.1$, ** $p < 0.05$

② 익금불산입 항목

카이제곱 검정을 실시한 결과 〈표 4-7〉에서 보는 바와 같이 카이제곱값이 5694.119이고 유의 확률이 0.000(P〈0.05)으로 익금불산입 항목 간에 유의적인 차이가 있는 것으로 나타났다. 이 결과를 가지고 익금불산입 항목 간의 중요도 순위를 매기면 다음과 같다.

익금불산입 항목 중 관측수가 1885인 손금에 산입하지 아니한 법인세 환급액은 1순위, 자산의 평가차익의 관측수는 338로 2순위, 부가가치세의 매출세액의 관측수는 314로 3순위, 재평가적립금의 관측수는 287로 4순위, 당기미수수익의 관측수는 174로 5순위, 외상매출금의 관측수는 95로 6순위, 기타의 관측수는 3으로 7순위를 나타냈다.

〈표 4-7〉 익금불산입 항목 간의 중요도 순위

항 목	관측수	카이제곱	유의 확률
외상매출금	95		
당기미수수익	174		
재평가적립금	287		
부가가치세의 매출세액	314	5694.119	0.000**
자산의 평가차익	338		
손금에 산입하지 아니한 법인세 환급액	1885		
기 타	3		

* $p < 0.1$, ** $p < 0.05$

③ 손금산입 항목

카이제곱 검정을 실시한 결과 〈표 4-8〉에서 보는 바와 같이 카이제곱 값이 492.268이고 유의 확률이 $0.000(P < 0.05)$으로 손금산입 항목 간에 유의적인 차이가 있는 것으로 나타났다. 이 결과를 가지고 손금산입 항목 간의 중요도 순위를 매기면 다음과 같다.

손금산입 항목 중 관측수가 133인 고정자산에 대한 감가상각비가 1순위, 단체퇴직급여충당금의 관측수는 121로 2순위, 차입금이자의 관측수는 101로 3순위, 인건비의 관측수는 73으로 4순위, 고정자산 수선비의 관측수는 60으로 5순위, 외화평가손의 관측수는 46개로 6순위, 토지재평가차손의 관측수는 26으로 7순위, 대손충당금의 관측수는 23으로 8순위, 자산 임차료의 관측수는 22로 9순위, 제세공과금의 관측수는 18로 10순위, 대손금의 관측수는 15로 11순위, 자산의 평가차손의 관측수는 14로 12순위, 감가상각비한도초과추인액의 관측수는 13으로 13순위이며 판매부대비용의 관측수는 10으로 14순위를 차지하는 것으로 나타났다.

〈표 4-8〉 손금산입 항목 간의 중요도 순위

항 목	관측수	카이제곱	유의 확률
판매부대비용	10		
감가상각비한도초과추인액	13		
자산의 평가차손	14		
대손금	15		
제세 공과금	18		
자산의 임차료	22		
대손 충당금	23		
토지재평가차손	26	492.268	0.000**
외화평가손	46		
고정자산의 수선비	60		
인건비	73		
차입금이자	101		
단체퇴직급여충당금	121		
고정자산에 대한 감가상각비	133		

* $p < 0.1$, ** $p < 0.05$

④ 손금불산입 항목

카이제곱 검정을 실시한 결과 〈표 4-9〉에서 보는 바와 같이 카이제곱 값이 385.284이고 유의 확률이 0.000($P < 0.05$)으로 손금불산입 항목 간에 유의적인 차이가 있는 것으로 나타났다. 이 결과를 가지고 손금불산

입 항목 간의 중요도 순위를 매기면 다음과 같다.

　손금불산입 항목 중 관측수가 144인 접대비한도초과액이 1순위, 신용카드 미사용분의 접대비의 관측수는 108로 2순위, 감가상각비 상각범위액의 초과금액의 관측수는 104로 3순위, 퇴직급여충당금한도초과액의 관측수는 72로 4순위, 건설자금이자의 관측수는 71로 5순위, 가지급금인정이자의 관측수는 49로 6순위, 비업무용토지에 대한 재산세의 관측수는 48로 7순위, 가지급금이자비용의 관측수는 24로 8순위, 세금과공과의 관측수는 22로 9순위, 법인세비용의 관측수는 17로 10순위, 공익성의 기부금의 관측수는 11로 11순위, 기타의 관측수는 5로 12순위인 것으로 나타났다.

〈표 4-9〉 손금불산입 항목 간의 중요도 순위

항　목	관측수	카이제곱	유의 확률
공익성의 기부금	11		
법인세 비용	17		
세금과공과	22		
가지급금이자비용	24		
비업무용토지에 대한 재산세	48		
가지급금인정이자	49	385.284	0.000**
건설자금이자	71		
퇴직급여충당금한도초과액	72		
감가상각비 상각범위액의 초과금액	104		
신용카드 미사용분의 접대비	108		
접대비 한도 초과액	144		
기　타	5		

　* p〈0.1, ** p〈0.05

2. 설문분석 결과

설문 응답자들의 인구 통계적 특성(근무 호텔의 등급, 직급, 법인세 납세 경험, 업종종사연수)에 따른 법인세 규정들에 대한 인식의 차이를 검증하기 위해 T테스트, 일원배치 분산분석 및 Duncan 테스트를 실시하였다. 또한 설문 응답자들이 근무하고 있는 호텔의 등급과 적용 받기를 원하는 규정 간의 중요도 순위와의 유의적 차이를 검증하기 위해 비모수 통계 검정인 Mann-Whitney 검정을 실시하였다.

1) 근무 호텔의 등급에 따른 법인세 규정들에 대한 인식의 차이분석 결과

설문 응답자들이 근무하고 있는 호텔의 등급에 따른 법인세 규정들에 대한 인식의 차이를 검증하기 위해 T-test를 실시한 결과 〈표 4-10〉에서 보는 바와 같이 다음의 항목들에서 유의적인 차이가 나타났다. 여기서 호텔 등급은 특급과 비특급으로 나누어 분석을 실시하였다.

총개보수비용의 유의도는 0.000으로 유의수준 0.05에서 설문 응답자들이 근무하고 있는 호텔의 등급과 유의적인 차이를 보였다. 비특급호텔의 종사원들은 총개보수비용으로 50억 원 미만을 지출하고 있다고 언급했으며 특급호텔의 종사원들은 100억－150억 원을 총개보수비용으로 지출하고 있다고 응답했다.

총개보수 기간의 유의도는 0.072로 유의수준 0.1에서 설문 응답자들이 근무하고 있는 호텔의 등급과 유의적인 차이를 보였다. 비특급호텔의 종사원들은 4년마다 개보수를 실시한다고 언급했으며 특급호텔의 종사원들은 5년마다 개보수를 실시한다고 응답했다.

기술 및 인력개발비에 대한 법인세액 공제율의 유의도는 0.062로 유의수준 0.1에서 설문 응답자들이 근무하고 있는 호텔의 등급과 유의적인 차이를 보였다. 비특급호텔의 종사원들은 기술 및 인력개발비에 대해 10%의 법인세액을 공제 받기 원하는 것으로 나타났고 특급호텔의 종사원들은 기술 및 인력개발비에 대해 15%의 법인세액을 공제 받기 원하는 것으로 나타났다.

인력개발소요비용의 유의도는 0.000으로 유의수준 0.05에서 설문 응답자들이 근무하고 있는 호텔의 등급과 유의적인 차이를 보였다. 비특급호텔의 종사원들은 세전 이익의 0.5%를 인력개발소요비용으로 지출하고 있다고 언급했으며 특급호텔의 종사원들은 세전 이익의 1%를 인력개발소요비용으로 지출하고 있다고 응답했다.

창업법인세액감면율의 유의도는 0.023으로 유의수준 0.05에서 설문 응답자들이 근무하고 있는 호텔의 등급과 유의적인 차이를 보였다. 비특급호텔의 종사원들은 40%의 창업법인세액감면율이 적용되어지기를 원했으며 특급호텔의 종사원들은 45%의 창업법인세액감면율이 적용되어지기를 원하는 것으로 나타났다.

투자세액공제율의 유의도는 0.041로 유의수준 0.05에서 설문 응답자들이 근무하고 있는 호텔의 등급과 유의적인 차이를 보였다. 비특급호텔의 종사원들은 투자금액의 5% 정도의 법인세액공제를 원하는 것으로 나타났으며 특급 호텔의 종사원들은 투자금액의 4% 정도의 법인세액공제를 원하는 것으로 나타났다.

위의 분석 결과에서 볼 수 있는 바와 같이 특급호텔은 비특급호텔보다 많은 총개보수비용을 지출하고 있는 것으로 나타났다. 호텔기업의 경우 호텔시설 자체가 하나의 상품이기 때문에 고객 만족도를 높이기 위해 정규적으로 호텔시설에 대한 개보수를 실시하여야 한다. 이때 특급호텔의 경우 비특급 호텔보다 시설의 규모가 크고 다양하기 때문에 더 많은 총개보수비용을 지출하게 되며 이로 인해 개보수를 좀 더 자주 실시할 수 없게 되는 것이다. 또한 특급호텔이 비특급호텔보다 더 많은 인력개발소요비용을 지출하고 있었으며 이로 인해 기술 및 인력 개발비에 대해 좀 더 높은 법인세액 공제율이 적용되어지기를 원하는 것으로 나타났다. 호텔업은 서비스산업으로 인적 서비스에 대한 의존도가 매우 높아 종사원들의 교육을 통한 질적 서비스에 중점을 두고 있다. 특히 특급호텔의 경우 비특급호텔보다 종사원의 수가 더 많고 1인당 부가가치 생산성도 높기 때문에 종사원에 대한 교육비와 같은 인력개발비도 많이 지출하고 있다.

특급호텔이 보다 높은 창업법인세액감면율을 원하는 것으로 나타났는데 이것은 특급호텔의 경우 사업을 개시할 때 초기 고정자본이 많이 소요되기 때문에 만약 높은 비율의 창업법인세액감면율이 적용되어 진다면 영업 개시 후 이익을 내는 시점이 더 앞당겨져 투자자들에게 호텔사업의 매력성을 부각시킬 수 있기 때문일 것이다.

〈표 4-10〉 호텔 등급에 따른 법인세 규정들에 대한 인식의 차이 분석

변 수 \ 범 주	비특급	특 급	Levene의 등분산 검정 F값	Levene의 등분산 검정 P값	T값	P값
· 총개보수 비용	1.090[a] 0.301[b]	3.088 1.504	17.116	0.000	-7.299	0.000**
· 총개보수 기간	2.272 1.618	3.147 1.282	2.378	0.130	-1.843	0.072*
· 기술 및 인력개발비 세액공제율	2.545 1.035	3.205 0.977	0.390	0.536	-1.920	0.062*
· 인력개발소요비용	1.454 0.522	2.852 1.351	9.094	0.004	-4.991	0.000**
· 창업법인세액감면율	2.363 1.433	3.382 1.181	2.559	0.117	-2.360	0.023**
· 투자세액공제율	3.727 0.786	3.029 1.313	14.891	0.000	2.134	0.041**

* $p < 0.1$, ** $p < 0.05$, a: 평균, b: 표준편차.

2) 직급에 따른 법인세 규정들에 대한 인식의 차이분석 결과

직급에 따른 법인세 규정들에 대한 인식의 차이를 검증하기 위해 일원배치 분산분석을 실시한 결과 〈표 4-11〉과 같이 다음의 항목들에서 유의적인 차이가 나타났다.

대손금 손금산입 규정의 개정 필요성의 유의도는 0.000(P〈0.05)으로 설문 응답자들의 직급과 유의적인 차이를 보였다. 사후분석 결과 대리와 과장, 부장, 이사 및 기타 직급의 응답자들 간에 차이가 있는 것으로 나타났다. 과장, 부장, 이사 및 기타 직급의 응답자들이 대리 직급의 응답자들보다 대손금 손금산입 규정이 개정될 필요성이 있다고 좀 더 인식하고 있는 것으로 나타났다.

생산성향상시설투자 세액공제 규정의 개정 필요성의 유의도는 0.065(P〈0.1)로 설문 응답자들의 직급과 유의적인 차이를 보였다. 사후분석 결과 대리와 기타 직급의 응답자들 간에 차이가 있는 것으로 나타났다. 대리 직급의 응답자들이 기타 직급의 응답자들보다 생산성향상시설투자 세액공제 규정이 개정될 필요성이 있음을 더 인식하고 있는 것으로 나타났다.

법인세액감면 규정의 개정 필요성의 유의도는 0.022(P〈0.05)로 설문 응답자들의 직급과 유의적인 차이를 보였다. 사후분석 결과 부장과 대리 및 기타 직급의 응답자들 간에 차이가 있는 것으로 나타났다. 부장 직급의 응답자들이 대리 및 기타 직급의 응답자들보다 법인세액감면 규정이 개정될 필요성이 있음을 더 인식하고 있는 것으로 나타났다.

인력개발소요비용의 유의도는 0.002(P〈0.05)로 설문 응답자들의 직급과 유의적인 차이를 보였다. 사후분석 결과 기타 직급과 과장 직급의 응답자들 간에 차이가 있는 것으로 나타났다. 기타 직급의 응답자들이 근무하고 있는 호텔은 세전 이익의 1.5%를 인력개발소요비용으로 지출하고 있는 것으로 나타났으며 과장 직급의 응답자들이 근무하고 있는 호텔은 세전 이익의 0.5%를 인력개발 소요비용으로 지출하고 있는 것으로 나타났다.

투자준비금 손금산입 필요 이유의 유의도는 0.009(P〈0.05)로 설문 응답자들의 직급과 유의적인 차이를 보였다. 사후분석 결과 대리 및 과장 직급의 응답자들과 기타 및 부장 직급의 응답자들 간에 차이가 있는 것으로 나타났다. 대리 및 과장 직급의 응답자들은 시설 확충을 이유로 들고 있었으며 기타 및 부장 직급의 응답자들은 재투자 때문에 투자준비금 손금산입 규정이 필요하다고 응답하였다.

창업법인세액감면 규정의 유의도는 0.097(P〈0.1)로 설문 응답자들의 직급과 유의적인 차이를 보였다. 사후분석 결과 대리 직급의 응답자들과 부장 직급의 응답자들 간에 차이가 있는 것으로 나타났다. 부장 직급의 응답자들이 대리 직급의 응답자들보다 창업법인세액감면 규정의 개정 필요성을 좀 더 인식하고 있는 것으로 나타났다.

창업법인세액감면율의 유의도는 0.095(P〈0.1)로 설문 응답자들의 직급과 유의적인 차이를 보였다. 사후분석 결과 대리 직급의 응답자들과 이사 직급의 응답자들 간에 차이가 있는 것으로 나타났다. 대리 직급의 응답자들은 창업 시 40% 이상을 이사 직급의 응답자들은 50%의 법인세액감면을 원하는 것으로 나타났다.

현행 법인세제가 탈세의 구실을 주는가의 유의도는 0.091(P〈0.1)로 설문 응답자들의 직급과 유의적인 차이를 보였다. 사후분석 결과 기타 직급의 응답자들과 이사 및 부장 직급의 응답자들 간에 차이가 있는 것으로 나타났다. 이사 및 부장 직급의 응답자들이 기타 직급의 응답자들보다 현행 법인세제가 탈세의 구실을 주고 있다고 좀 더 인식하고 있는 것으로 나타났다.

투자세액공제율의 유의도는 0.004(P〈0.05)로 설문 응답자들의 직급과 유의적인 차이를 보였다. 사후분석 결과 이사 직급의 응답자들과 부장 직급의 응답자들 간에 차이가 있는 것으로 나타났다. 이사 직급의 응답자들은 3%를 부장 직급의 응답자들은 5%의 투자세액공제율을 원하는 것으로 나타났다.

〈표 4-11〉 직급에 따른 법인세 규정들에 대한 인식의 차이 분석

범 주 / 변 수	대 리	과 장	부 장	이 사	기 타	F값 p값
· 대손금 손금산입 규정의 개정 필요성	2.615[a] 0.960[b] (L)[c]	3.857 0.899 (H)	4.166 0.752 (H)	3.800 0.421 (H)	3.888 0.333 (H)	7.501 0.000**
· 생산성향상시설 투자세액공제	4.307 0.630 (H)	4.000 0.577 (-)	4.000 0.000 (-)	3.900 0.316 (-)	3.666 0.500 (L)	2.411 0.065*
· 법인세액감면 규정의 개정 필요성	3.692 1.109 (L)	4.428 0.534 (-)	4.833 0.408 (H)	4.100 0.316 (-)	3.777 0.666 (L)	3.228 0.022**
· 인력개발소요비용	2.846 1.214 (-)	1.428 0.786 (L)	1.666 0.516 (-)	2.300 0.948 (-)	3.666 1.658 (H)	4.997 0.002**
· 투자준비금 손금 산입 필요 이유	3.076 0.493 (L)	3.142 0.378 (L)	3.833 0.408 (H)	3.400 0.516 (-)	3.666 0.500 (H)	3.954 0.009**
· 창업법인세액감면	3.307 1.315 (L)	4.000 1.414 (-)	4.666 0.516 (H)	3.900 0.316 (-)	3.888 0.600 (-)	2.116 0.097*
· 창업법인세액감면율	2.615 1.556 (L)	2.714 1.380 (-)	3.500 1.224 (-)	4.000 0.000 (H)	3.000 1.322 (-)	2.128 0.095*
· 현행 법인세제가 탈세의 구실을 주는가	3.384 0.650 (-)	3.285 0.951 (-)	3.833 1.169 (H)	3.800 0.632 (H)	2.888 0.600 (L)	2.161 0.091*
· 투자세액공제율	3.846 1.344 (-)	2.857 1.215 (-)	4.166 0.408 (H)	2.300 0.674 (L)	2.888 1.166 (-)	4.492 0.004**

* p〈0.1, ** p〈0.05
a: 평균, b: 표준편차, c: DMR-T(Duncan Multiple Range-Test)에 근거한 평균의 차이

3) 법인세 납세 경험에 따른 법인세 규정들에 대한 인식의 차이분석 결과

법인세 납세 경험에 따른 법인세 규정들에 대한 인식의 차이를 검증하기 위해 일원배치 분산분석을 실시한 결과 〈표 4-12〉와 같이 다음의 항목들에서 유의적인 차이가 나타났다. 여기서 법인세 납세 경험은 5년 이하, 5년－10년, 10년－15년, 15년 이상으로 나누어 분석을 실시하였다.

대손금 손금산입 규정의 개정 필요성의 유의도는 0.059(P〈0.1)로 설문 응답자들의 법인세 납세 경험과 유의적인 차이를 보였다. 사후분석 결과 법인세 납세 경험이 10년－15년인 응답자들과 법인세 납세 경험이 5년 이하인 응답자 및 15년 이상인 응답자들 간에 차이가 있는 것으로 나타났다. 법인세 납세 경험이 5년 이하인 응답자 및 15년 이상인 응답자들이 법인세 납세 경험이 10년－15년인 응답자들보다 대손금 손금산입 규정의 개정 필요성을 좀 더 인식하고 있는 것으로 나타났다.

생산성향상시설투자 세액공제율의 유의도는 0.011(P〈0.05)로 설문 응답자들의 법인세 납세 경험과 유의적인 차이를 보였다. 사후분석 결과 법인세 납세 경험이 10년－15년인 응답자들과 법인세 납세 경험이 각각 5년 이하, 5년－10년 및 15년 이상인 응답자들 간에 차이가 있는 것으로 나타났다. 법인세 납세 경험이 10년－15년인 응답자들은 4%의 세액을 공제받기 원했으며 법인세 납세 경험이 각각 5년 이하, 5년－10년 및 15년 이상인 응답자들은 5%의 세액을 공제받기 원하는 것으로 나타났다.

법인세액감면 규정의 개정 필요성의 유의도는 0.054(P〈0.1)로 설문 응답자들의 법인세 납세 경험과 유의적인 차이를 보였다. 사후분석 결과 법인세 납세 경험이 10년－15년인 응답자들과 법인세 납세 경험이 각각 5년－10년 및 15년 이상인 응답자들 간에 차이가 있는 것으로 나타났다. 법인세 납세 경험이 각각 5년-10년 및 15년 이상인 응답자들이 법인세 납세 경험이 10년-15년인 응답자들보다 법인세액감면 규정의 개정 필요성을 좀 더 인식하고 있는 것으로 나타났다.

기술 및 인력개발비 세액공제율의 유의도는 0.025(P〈0.05)로 설문 응답자들의 법인세 납세 경험과 유의적인 차이를 보였다. 사후분석 결과 법인세 납세 경험이 10년-15년인 응답자들과 법인세 납세 경험이 각각 5년 이하, 5년-10년 및 15년 이상인 응답자들 간에 차이가 있는 것으로 나타났다. 법인세 납세 경험이 10년-15년인 응답자들은 10%의 세액을 공제받기 원했으며 법인세 납세 경험이 각각 5년 이하, 5년-10년 및 15년 이상인 응답자들은 15%의 세액을 공제받기 원하는 것으로 나타났다.

창업법인세액감면 규정의 유의도는 0.029(P〈0.05)로 설문 응답자들의 법인세 납세 경험과 유의적인 차이를 보였다. 사후분석 결과 법인세 납세 경험이 10년-15년인 응답자들과 법인세 납세 경험이 각각 5년 이하, 5년-10년 및 15년 이상인 응답자들 간에 차이가 있는 것으로 나타났다. 법인세 납세 경험이 각각 5년 이하, 5년-10년 및 15년 이상인 응답자들이 법인세 납세 경험이 10년-15년인 응답자들보다 창업법인세액감면 규정의 개정 필요성을 좀 더 인식하고 있는 것으로 나타났다.

창업법인세액감면율의 유의도는 0.010(P〈0.05)으로 설문 응답자들의 법인세 납세 경험과 유의적인 차이를 보였다. 사후분석 결과 법인세 납세 경험이 15년 이상인 응답자들과 법인세 납세 경험이 각각 5년-10년 및 10년-15년인 응답자들 간에 차이가 나타났다. 법인세 납세 경험이 각각 5년-10년 및 10년-15년인 응답자들은 40%의 세액을 감면받기 원했으며 법인세 납세 경험이 15년 이상인 응답자들은 50%의 세액을 감면받기 원하는 것으로 나타났다.

<표 4-12> 법인세 납세 경험에 따른 법인세 규정들에
대한 인식의 차이 분석

변 수 　 범 주	5년 이하	5년–10년	10년–15년	15년 이상	F값 p값
· 대손금 손금산입 규정의 개정 필요성	3.666[a] 0.767[b] (H)[c]	3.500 1.414 (-)	2.714 0.755 (L)	3.833 0.577 (H)	2.683 0.059*
· 생산성향상시설투자 세액공제율	3.555 0.921 (H)	3.375 1.060 (H)	2.142 1.069 (L)	3.250 0.621 (H)	4.232 0.011**
· 법인세액감면 규정의 개정 필요성	4.000 0.686 (-)	4.500 0.534 (H)	3.428 1.397 (L)	4.250 0.452 (H)	2.758 0.054*
· 기술 및 인력개발비 세액공제율	3.222 1.166 (H)	3.125 0.991 (H)	2.000 0.577 (L)	3.333 0.651 (H)	3.452 0.025**
· 창업법인세액감면	4.055 0.937 (H)	3.750 0.886 (H)	2.857 1.463 (L)	4.166 0.577 (H)	3.306 0.029**
· 창업법인세액감면율	3.166 1.424 (-)	2.625 1.187 (L)	2.142 1.463 (L)	4.000 0.000 (H)	4.291 0.010**

* p ⟨ 0.1, ** p ⟨ 0.05
a: 평균, b: 표준편차, c: DMR-T(Duncan Multiple Range-Test)에 근거한 평균의 차이

3) 업종 종사연수에 따른 법인세 규정들에 대한 인식의 차이분석 결과

업종 종사연수에 따른 법인세 규정들에 대한 인식의 차이를 검증하기 위해 일원배치 분산분석을 실시한 결과 <표 4-13>과 같이 다음의 항목 들에서 유의적인 차이가 나타났다.

법인세법 개정의 필요성의 유의도는 0.046(P ⟨ 0.05)으로 설문 응답자

들의 업종 종사연수와 유의적인 차이를 보였다. 사후분석 결과 업종 종사연수가 15년-20년인 응답자들과 업종 종사연수가 각각 5년 이하, 5년-10년, 10년-15년 및 20년 이상인 응답자들 간에 차이가 나타났다. 업종 종사연수가 각각 5년 이하, 5년-10년, 10년-15년 및 20년 이상인 응답자들이 업종 종사연수가 15년-20년인 응답자들보다 법인세법 개정의 필요성을 좀 더 인식하고 있는 것으로 나타났다.

법인세 과세 공평성의 유의도는 0.028($P < 0.05$)로 설문 응답자들의 업종 종사연수와 유의적인 차이를 보였다. 사후분석 결과 업종 종사연수가 10년-15년인 응답자들과 업종 종사연수가 각각 5년 이하 및 15년-20년인 응답자들 간에 차이가 나타났다. 업종 종사연수가 각각 5년 이하 및 15년-20년인 응답자들이 업종 종사연수가 10년-15년인 응답자들보다 법인세 과세를 좀 더 공평하게 인식하고 있는 것으로 나타났다.

법인세 부담의 유의도는 0.019($P < 0.05$)로 설문 응답자들의 업종 종사연수와 유의적인 차이를 보였다. 사후분석 결과 업종 종사연수가 10년-15년인 응답자들과 업종 종사연수가 각각 5년 이하 및 15년-20년인 응답자들 간에 차이가 나타났다. 업종 종사연수가 10년-15년인 응답자들과 업종 종사연수가 각각 5년 이하 및 15년-20년인 응답자들 간에 차이가 나타났다. 업종 종사연수가 10년-15년인 응답자들이 업종 종사연수가 각각 5년 이하 및 15년-20년인 응답자들보다 법인세 부담을 좀 더 높게 인식하고 있는 것으로 나타났다.

법인세액감면 규정의 개정 필요성의 유의도는 0.090($P < 0.1$)으로 설문 응답자들의 업종 종사연수와 유의적인 차이를 보였다. 사후분석 결과 업종 종사연수가 10년-15년인 응답자들과 업종 종사연수가 15년-20년인 응답자들 간에 차이가 나타났다. 업종 종사연수가 15년-20년인 응답자들이 업종 종사연수가 10년-15년인 응답자들보다 법인세액감면 규정의 개정 필요성을 좀 더 인식하고 있는 것으로 나타났다.

투자준비금 손금산입률의 유의도는 0.093($P < 0.1$)으로 설문 응답자들

의 업종 종사연수와 유의적인 차이를 보였다. 사후분석 결과 업종 종사연수가 10년-15년인 응답자들과 업종 종사연수가 15년-20년인 응답자들 간에 차이가 나타났다. 업종 종사연수가 10년-15년인 응답자들은 15%의 투자준비금 손금산입률을 원했으며 업종 종사연수가 15년-20년인 응답자들은 20%의 투자준비금 손금산입률을 원하는 것으로 나타났다.

현행 법인세제가 탈세의 구실을 주는가의 유의도는 $0.072(P < 0.1)$로 설문 응답자들의 업종 종사연수와 유의적인 차이를 보였다. 사후분석 결과 업종 종사연수가 5년 이하인 응답자들과 업종 종사연수가 15년-20년인 응답자 간에 차이가 나타났다. 업종 종사연수가 15년-20년인 응답자들이 업종 종사연수가 5년 이하인 응답자들보다 현행 법인세제가 탈세의 구실을 주고 있다고 좀 더 인식하고 있는 것으로 나타났다.

〈표 4-13〉 업종 종사연수에 따른 법인세 규정들에 대한
인식의 차이 분석

변 수　　　　범 주	5년 이하	5년-10년	10년-15년	15년-20년	20년 이상	F값 p값
· 법인세법 개정의 　필요성	3.666[a] 0.500[b] (H)[c]	3.937 0.573 (H)	4.111 0.333 (H)	3.000 1.414 (L)	4.000 0.000 (H)	2.664 0.046**
· 법인세 과세 공평성	2.888 0.333 (H)	2.687 0.602 (-)	2.000 0.707 (L)	3.000 0.000 (H)	2.555 0.726 (-)	3.044 0.028**
· 법인세 부담	3.000 1.118 (L)	3.812 0.750 (-)	4.111 0.600 (H)	3.000 0.000 (L)	3.888 0.333 (-)	3.344 0.019**
· 법인세액감면 규정의 　개정 필요성	3.888 0.600 (L)	4.250 0.577 (-)	3.555 1.333 (L)	5.000 0.000 (H)	4.222 0.441 (-)	2.169 0.090*
· 투자준비금 　손금산입률	2.888 0.333 (-)	3.250 0.930 (-)	2.222 1.394 (L)	3.500 0.707 (H)	2.555 0.881 (-)	2.141 0.093*
· 현행 법인세제가 　탈세의 구실을 주는가	2.777 0.666 (L)	3.437 0.813 (-)	3.666 0.866 (-)	4.000 0.000 (H)	3.666 0.707 (-)	2.335 0.072*

* $p < 0.1$, ** $p < 0.05$
a: 평균, b: 표준편차, c: DMR-T(Duncan Multiple Range-Test)에 근거한 평균의 차이

5) 설문 응답자들이 근무하고 있는 호텔의 등급과 적용 받기를 원하는 법인세 규정들 간의 중요도 순위 차이분석 결과

설문 응답자들이 근무하고 있는 호텔의 등급과 적용 받기를 원하는 법인세 규정들 간의 중요도 순위 차이 분석을 위해 비모수 통계 검정인 Mann-Whitney 검정을 실시하여 〈표 4-14〉와 같은 결과를 얻었다. 여기서 호텔 등급은 특급과 비특급으로 나누어 분석을 실시하였다.

생산성향상시설투자 세액공제 규정의 유의도는 0.611, 투자준비금 손금산입 규정의 유의도는 0.203, 창업법인세액감면 규정의 유의도는 0.611, 중소제조업 특별세액감면의 유의도는 0.490, 기술 및 인력개발비에 대한 세액공제 규정의 유의도는 0.649, 대손충당금 한도초과액의 손금산입 규정의 유의도는 0.611로 유의 수준 $0.05(P < 0.05)$와 $0.1(P < 0.1)$에서 유의적인 차이가 나타나지 않았다.

그러나 투자세액공제 규정의 유의도는 $0.032(P < 0.05)$로 설문 응답자들이 근무하고 있는 호텔의 등급과 유의적인 차이가 나타났는데 비특급호텔에서 근무하고 있는 응답자들이 특급호텔에서 근무하고 있는 응답자들보다 투자세액공제 규정을 좀 더 중요하게 인식하고 있는 것으로 나타났다. 비특급호텔은 치열한 경쟁 속에서 살아남고 고객의 다양한 욕구를 충족시켜주기 위해 사업 다각화 및 재투자를 하지 않을 수 없는데 이때 특급호텔에 비해 많은 수익을 내지 못하고 있기 때문에 새로운 투자에 대해 과감한 투자를 하기가 쉽지 않다. 그러므로 투자세액공제 규정이 적용되어져 재투자를 촉진할 수 있기를 희망하는 것으로 보인다.

〈표 4-14〉 설문 응답자들이 근무하고 있는 호텔의 등급과 적용 받기를
원하는 법인세 규정들 간의 중요도 순위와의 차이 분석

규 정	등 급	평 균	Z값	P값
· 투자세액공제	특 급	20.63	-2.825	0.032**
	비특급호텔	30.32		
· 생산성향상시설투자 세액공제	특 급	23.57	-0.536	0.611
	비특급호텔	21.23		
· 투자준비금 손금산입	특 급	24.43	-1.381	0.203
	비특급호텔	18.59		
· 창업법인세액감면	특 급	23.59	-0.552	0.611
	비특급호텔	21.18		
· 중소제조업 특별세액감면	특 급	23.79	-0.729	0.490
	비특급호텔	20.55		
· 기술 및 인력개발비에 대한 세액공제	특 급	23.51	-0.482	0.649
	비특급호텔	21.41		
· 대손충당금 한도초과액의 손금산입	특 급	22.41	-0.556	0.611
	비특급호텔	24.82		

* p〈0.1, ** p〈0.05

제5장 결 론

제1절 연구의 요약 및 시사점

1. 연구의 요약

본 연구는 호텔기업의 특성과 법인세 부담과의 관련성을 파악하고 호텔기업의 세무 담당자와의 설문조사를 통해 응답자들의 인구 통계적 특성에 따른 법인세 규정들에 대한 인식의 차이를 분석하여 법인세 규정의 적용에 있어 고려되어져야 하는 호텔기업의 특성을 제시하고자 하였으며 분석 결과를 요약하면 다음과 같다.

1) 호텔기업의 특성과 법인세 부담과의 관련성에 관한 가설 검증

호텔기업의 특성과 법인세 부담과의 관련성을 파악하기 위해 기존의 문헌 연구와 논자의 연구를 통해 법인세 부담에 영향을 미칠 수 있는 4가지 변수 즉, 호텔의 규모, 부채비율, 자본집약도, 총개보수비용을 축출하여 선형 회귀분석을 실시하여 다음과 같은 결과를 얻었다.

첫째, 호텔기업의 규모와 법인세 부담과의 관계검증 결과 유의적인 양의 값을 갖는 차이가 나타났다. 호텔기업의 경우 총자산 규모가 큰 호텔들은 대부분이 특급호텔들로 현대적 시설 및 고급 이미지로 많은 고객들을 유인하고 있다. 호텔기업에 있어 시설 및 규모는 고객을 창출하는 데 영향을 미치는 중요한 요소로 특급호텔과 같이 현대화된 시설을 갖추고 있는 큰 규모의 호텔들은 비특급호텔들에 비해 이러한 규모의 이점으로 인해 많은 영업이익을 창출하고 있다. 따라서 호텔기업에 있어 시설의 규모와 다양성은 영업이익에 지대한 영향을 미치며 이로 인해 유효법인세율도 영향을 받게 되는 것이다.

둘째, 부채비율과 법인세 부담과의 관계검증 결과 유의적인 차이가 나타나지 않았다. 본 연구의 전체 표본 중 45%의 호텔이 100% 미만의 부채비율을 보이고 있었다. 부채비율이 낮은 경우 타인 자본에 대한 이자비용이 총비용에서 차지하는 비율이 낮아지므로 이로 인해 유효법인세율에 미치는 영향이 적어 유의적인 차이가 나타나지 않은 것으로 보인다.

셋째, 자본집약도와 법인세 부담과의 관계검증 결과 유의적인 음의 값을 갖는 차이가 나타났다. 자본집약도가 높다는 것은 감가상각대상자산의 비율이 높다는 것을 의미한다. 호텔기업은 그 특성상 건물, 구축물, 기계장치, 차량운반구 및 비품과 같은 감가상각대상자산의 비율이 기타 산업보다 높다. 이것은 호텔의 건물 및 시설 자체가 하나의 상품으로서 고객을 유인하는 매개체로 이용되고 있기 때문이다. 이와 같이 감가상각대상자산의 비율이 높을 경우 법인세차감전 순이익에서 감가상각비를 많이 공제하게 되므로 이로 인해 법인세 부담은 줄어들게 되는 것이다. 따라서 자본집약도가 높은 호텔기업일수록 법인세 부담은 줄어들게 되는 것이다.

넷째, 총개보수비용과 법인세 부담과의 관계검증 결과 유의적인 차이가 나타나지 않았다. 총개보수비용은 자본적 지출과 수익적 지출로 처리될 수 있다. 총개보수비용이 유형자산의 내용 연수를 연장시키거나 지출 금액이 상대적으로 큰 경우는 자본적 지출로 처리하고 지출의 효과가 당기 내에 소멸하는 경우나 지출금액이 상대적으로 작은 경우에는 수익적지출로 처리하게 된다. 본 연구에서는 총개보수비용으로 자본적 지출을 배제한 수익적 지출에 해당되는 수리비만을 이용하여 유효법인세율과의 관계를 밝히고자 하였으며 또한 수리비의 금액이 총비용에서 차지하는 비율이 높지 않아 유효법인세율과 유의적인 차이가 나타나지 않은 것으로 보인다.

2) 설문 응답자들의 인구 통계적 특성에 따른 법인세 규정들에 대한 인식의 차이분석 결과

설문 응답자들의 인구 통계적 특성(근무 호텔의 등급, 직급, 법인세 납세 경험, 업종 종사연수)에 따른 법인세 규정들에 대한 인식의 차이 검증을 위해 T-test와 일원 분산분석을 실시하였고 설문 응답자들이 근무하고 있는 호텔의 등급과 적용 받기를 원하는 법인세 규정들 간의 중요도 순위 차이 검증을 위해 비모수 통계 검정인 Mann-Whitney 검정을 실시하여 다음과 같은 결과를 얻었다.

첫째, 근무 호텔의 등급에 따른 법인세 규정들에 대한 인식의 차이 분석결과 다음의 항목들에서 유의적인 차이가 나타났다.

설문조사를 통해 조사된 총개보수비용은 자본적 지출과 수익적 지출을 함께 고려한 것으로 비특급호텔의 종사원들은 총개보수비용으로 50억 원 미만을 지출하고 있다고 언급했으며 특급호텔의 종사원들은 100억－150억 원을 총개보수비용으로 지출하고 있다고 응답했다. 총개보수기간의 경우는 비특급호텔의 종사원들은 4년마다 개보수를 실시한다고 언급했으며 특급호텔의 종사원들은 5년마다 개보수를 실시한다고 응답했다. 기술 및 인력개발비에 대한 법인세액 공제율의 경우 비특급호텔의 종사원들은 기술 및 인력개발비에 대해 10%의 법인세액을 공제 받기 원하는 것으로 나타났고 특급호텔의 종사원들은 기술 및 인력개발비에 대해 15%의 법인세액을 공제 받기 원하는 것으로 나타났다. 인력개발소요비용의 경우 비특급호텔의 종사원들은 세전 이익의 0.5%를 인력개발소요비용으로 지출하고 있다고 언급했으며 특급호텔의 종사원들은 세전 이익의 1%를 인력개발소요비용으로 지출하고 있다고 응답했다. 창업법인세액감면율의 경우 비특급호텔의 종사원들은 40%의 창업법인세액감면율이 적용되어지기를 원했으며 특급호텔의 종사원들은 45%의 창업법인세액감면율이 적용되어지기를 원하는 것으로 나타났다.

투자세액공제율의 경우 비특급호텔의 종사원들은 투자금액의 5% 정도의 법인세액공제를 원하는 것으로 나타났으며 특급호텔의 종사원들은 투자금액의 4% 정도의 법인세액공제를 원하는 것으로 나타났다.

둘째, 직급에 따른 법인세 규정들에 대한 인식의 차이분석 결과 다음의 항목들에서 유의적인 차이가 나타났다.

대손금 손금산입 규정의 개정 필요성에 대해 과장, 부장, 이사 및 기타 직급의 응답자들이 대리 직급의 응답자들보다 대손금 손금산입 규정이 개정될 필요성이 있다고 좀 더 인식하고 있는 것으로 나타났다. 생산성향상시설투자 세액공제 규정의 개정 필요성에 대해 대리 직급의 응답자들이 기타 직급의 응답자들보다 생산성향상시설투자 세액공제 규정이 개정될 필요성이 있음을 더 인식하고 있는 것으로 나타났다. 법인세액감면 규정의 개정 필요성에 대해 부장 직급의 응답자들이 대리 및 기타 직급의 응답자들보다 법인세액감면 규정이 개정될 필요성이 있음을 더 인식하고 있는 것으로 나타났다. 인력개발소요비용의 경우 기타 직급의 응답자들이 근무하고 있는 호텔은 세전 이익의 1.5%를 인력개발소요비용으로 지출하고 있는 것으로 나타났으며 과장 직급의 응답자들이 근무하고 있는 호텔은 세전 이익의 0.5%를 인력개발소요비용으로 지출하고 있는 것으로 나타났다. 투자준비금 손금산입 필요 이유에 대해 대리 및 과장 직급의 응답자들은 시설 확충을 이유로 들고 있었으며 기타 및 부장 직급의 응답자들은 재투자 때문에 투자준비금 손금산입 규정이 필요하다고 응답하였다. 창업법인세액감면 규정의 경우 부장 직급의 응답자들이 대리 직급의 응답자들보다 창업법인세액감면 규정의 개정 필요성을 좀 더 인식하고 있는 것으로 나타났다. 창업법인세액감면율의 경우 대리 직급의 응답자들은 40% 이상을 이사 직급의 응답자들은 50%의 법인세액감면을 원하는 것으로 나타났다. 현행 법인세제가 탈세의 구실을 주는가에 대해 이사 및 부장 직급의 응답자들이 기타 직급의 응답자들보다 현행 법인세제가 탈세의 구실을 주고 있는 것으로 좀 더 인식하고 있는 것으로 나타났다. 투자세액공제율의 경우 이사 직급의 응답자들은 3%를 부장 직급의 응답자들은 5%의 투자세액공제율을 원하는 것으로 나타났다.

셋째, 법인세 납세 경험에 따른 법인세 규정들에 대한 인식의 차이분석 결과 다음의 항목들에서 유의적인 차이가 나타났다.

대손금 손금산입 규정의 개정 필요성에 대해 법인세 납세 경험이 5년 이하인 응답자 및 15년 이상인 응답자들이 법인세 납세 경험이 10년 – 15년인 응답자들보다 대손금 손금산입 규정의 개정 필요성을 좀 더 인식하고 있는 것으로 나타났다. 생산성향상시설투자 세액공제율의 경우 법인세 납세 경험이 10년 – 15년인 응답자들은 4%의 세액을 공제받기 원했으며 법인세 납세 경험이 각각 5년 이하, 5년 – 10년 및 15년 이상인 응답자들은 5%의 세액을 공제받기 원하는 것으로 나타났다. 법인세 액감면 규정의 개정 필요성에 대해 법인세 납세 경험이 각각 5년 – 10년 및 15년 이상인 응답자들이 법인세 납세 경험이 10년 – 15년인 응답자들보다 법인세액감면 규정의 개정 필요성을 좀 더 인식하고 있는 것으로 나타났다. 기술 및 인력개발비 세액공제율에 대해 법인세 납세 경험이 10년 – 15년인 응답자들은 10%의 세액을 공제받기 원했으며 법인세 납세 경험이 각각 5년 이하, 5년 – 10년 및 15년 이상인 응답자들은 15%의 세액을 공제받기 원하는 것으로 나타났다. 창업법인세액감면 규정의 경우 법인세 납세 경험이 각각 5년 이하, 5년 – 10년 및 15년 이상인 응답자들이 법인세 납세 경험이 10년 – 15년인 응답자들보다 창업법인세액감면 규정의 개정 필요성을 좀 더 인식하고 있는 것으로 나타났다. 창업법인세액감면율에 대해 법인세 납세 경험이 각각 5년-10년 및 10년-15년인 응답자들은 40%의 세액을 감면받기 원했으며 법인세 납세 경험이 15년 이상인 응답자들은 50%의 세액을 감면받기 원하는 것으로 나타났다.

넷째, 업종 종사연수에 따른 법인세 규정들에 대한 인식의 차이분석 결과 다음의 항목들에서 유의적인 차이가 나타났다.

법인세법 개정의 필요성에 대해 업종 종사연수가 각각 5년 이하, 5년-10년, 10년-15년 및 20년 이상인 응답자들이 업종 종사연수가 15년-20년인 응답자들보다 법인세법 개정의 필요성을 좀 더 인식하고 있는 것으로 나타났다.

법인세 과세 공평성에 대해 업종 종사연수가 각각 5년 이하 및 15년-20년인 응답자들이 업종 종사연수가 10년-15년인 응답자들보다 법인세 과세를 좀 더 공평하게 인식하고 있는 것으로 나타났다. 법인세 부담의 경우 업종 종사연수가 10년-15년인 응답자들이 업종 종사연수가 각각 5년 이하 및 15년-20년인 응답자들보다 법인세 부담을 좀 더 높게 인식하고 있는 것으로 나타났다. 법인세액감면 규정의 개정 필요성에 대해 업종 종사연수가 15년-20년인 응답자들이 업종 종사연수가 10년-15년인 응답자들보다 법인세액감면 규정의 개정 필요성을 좀 더 인식하고 있는 것으로 나타났다. 투자준비금 손금산입률에 대해 업종 종사연수가 10년-15년인 응답자들은 15%의 투자준비금 손금산입률을 원했으며 업종 종사연수가 15년-20년인 응답자들은 20%의 투자준비금 손금산입률을 원하는 것으로 나타났다. 현행 법인세제가 탈세의 구실을 주는가에 대해 업종 종사연수가 15년-20년인 응답자들이 업종 종사연수가 5년 이하인 응답자들보다 현행 법인세제가 탈세의 구실을 주고 있다고 좀 더 인식하고 있는 것으로 나타났다.

3) 설문 응답자들이 근무하고 있는 호텔의 등급과 적용 받기를 원하는 법인세 규정들 간의 중요도 순위 차이분석 결과

설문 응답자들이 근무하고 있는 호텔의 등급과 적용 받기를 원하는 법인세 규정들 간의 중요도 순위 차이분석 결과 생산성향상시설투자 세액공제 규정, 투자준비금 손금산입 규정, 창업법인세액감면 규정, 중소제조업 특별세액감면 규정, 기술 및 인력개발비에 대한 세액공제 규정, 중소기업 대손충당금 한도초과액의 손금산입 규정에서는 유의적인 차이가 나타나지 않았다. 그러나 투자세액공제 규정과 설문 응답자들이 근무하고 있는 호텔의 등급 간에는 유의적인 차이가 나타났는데 비특급호텔에서 근무하고 있는 응답자들이 특급호텔에서 근무하고 있는 응답자들보다 투자세액공제 규정을 좀 더 중요하게 인식하고 있는 것으로 나타났다. 비특급호텔은 치열한 경쟁 속에서 살아남고 고객의 다양한 욕구를 충족시켜주기 위해 사업 다각화 및 재투자를 하지 않을 수 없는데 이때 특급호텔에 비해 많은 수익을 내지 못하고 있기 때문에 새로운 투자에 대해 과감한 투자를 하기가 쉽지 않다. 그러므로 투자세액공제 규정이 적용되어져 재투자를 촉진할 수 있기를 희망하는 것으로 보인다.

2. 시사점

이상과 같은 연구 결과를 바탕으로 법인세 규정의 적용에 있어 아래와 같은 호텔기업의 특성 요인들이 고려되어져야 하겠다.

첫째, 설문조사를 통한 총개보 비용은 자본적 지출과 수익적 지출이 모두 고려되어졌는데 이 조사를 통해 호텔기업은 상당한 금액의 총개보수비용을 지출하고 있는 것으로 나타났다. 특급호텔은 100억－150억 원 이상 그리고 비특급호텔은 50억 원 미만을 각각 총개보수비용으로 지출하고 있는 것으로 나타났다. 생산성향상시설투자 세액공제 규정에 따르면 제조업은 생산성향상을 도모하기 위하여 공정개선 및 자동화 시설, 첨단기술설비 및 노후시설의 개체를 위한 시설에 투자하는 경우 당해 투자금액의 5%에 상당하는 금액을 소득세 또는 법인세에서 공제 받을 수 있도록 되어 있다.

호텔산업의 경우 유형자산의 노후화가 기타 산업에 비해 빠르고 건물 등 유형자산 자체가 하나의 상품이기 때문에 노후시설 개체를 위한 투자세액공제 규정의 적용에 있어 이러한 특성이 고려되어져야 하겠다.

둘째, 이전에는 호텔은 단순히 숙식을 제공하는 장소였으나 현대와 같이 경쟁이 치열하고 고객의 요구가 다양화되고 있는 기업 환경 속에서 수익을 창출하면서 생존하기 위해서 호텔기업은 연회, 컨벤션 등으로의 사업 다각화 및 재투자와 다양한 고객 욕구를 충족시키기 위해 시설 확충을 하지 않을 수 없게 되었다. 이러한 점을 고려할 때 호텔기업에도 투자세액공제 규정 및 투자준비금 손금산입 규정이 적용되어 재투자를 촉진할 수 있도록 하는 것이 바람직해 보인다.

셋째, 특급호텔의 경우 높은 창업법인세액감면율을 희망했는데 이는 대부분의 특급호텔들이 사업을 개시할 때 많은 초기 고정자본을 필요로 하기 때문이다. 이로 인해 영업 개시 이후 흑자 운영하에서 투자금액을 회수하는 데 상당 기간이 걸리며 심지어는 초기 고정자본을 조달하기 위해 사용한 대출금의 이자비용으로 인해 지속적인 순손실을 내고 있는 호텔기업들도 상당수에 있다. 이처럼 호텔기업은 초기 투자자본이 많이 소요되므로 창업 시 법인세액을 감면 받게 되면 창업 후 투자금액을 회수하는 데 걸리는 기간이 앞당겨져 투자자들에게 호텔사업의 매력성을 부각시킬 수 있게 된다. 그러므로 법인세 감세 효과를 줄 수 있는 창업법인세액감면 규정의 적용에 있어 호텔기업의 이와 같은 특성이 고려되어져야 하겠다.

넷째, 인력개발소요비용의 경우 특급호텔은 세전이익의 1%, 비특급호텔은 세전이익의 0.5%를 지출하고 있는 것으로 나타났다. 호텔기업은 서비스산업으로 질적으로 우수한 서비스를 고객에게 제공하여 고객 만족도를 높이기 위해 직원들에 대한 서비스 교육 등을 강화하고 있다. 그러므로 인력개발비에 대한 법인세액 공제율과 같은 규정의 적용에 있어 이러한 호텔기업의 특성 요인이 고려되어진다면 호텔 경영에 있어 수익성 개선에 긍정적인 영향을 미칠 수 있다고 본다.

제2절 연구의 한계 및 미래 연구를 위한 제안

호텔기업의 특성과 조세부담과의 관련성을 정확하게 파악하기 위해서는 재산세, 부가가치세, 특별소비세 등과 같이 호텔기업에 부과되는 보다 다양한 종류의 조세에 관한 연구가 수반되어야 하나 자료 수집의 어려움으로 인하여 본 연구에서는 조세 중 법인세만을 중점적으로 다루고 있다. 또한 유효법인세율의 대용치에 있어서도 분자는 법인세 비용이나 조정 후 법인세 비용을 사용할 수도 있고 분모는 매출 총이익, 영업이익, 경상이익 및 법인세차감전순이익을 사용할 수 있다. 그러나 본 연구에서는 유효법인세율의 대용치로 분자는 법인세 비용을 사용하였으며 분모는 법인세차감전순이익을 사용하여 기타 유효법인세율의 대용치를 사용하였을 경우에 나타날 수 있는 검증 결과의 차이를 고려하지 않았다.

유효법인세율에 영향을 미치는 변수에 있어서도 기존 문헌 연구와 논자의 연구를 통해 몇몇 변수만으로 한정지음으로써 기타 영향을 미칠 수 있는 잠재 변수들을 제외시켰다. 특히 호텔기업의 경우 호텔기업의 특성과 조세부담과의 관련성에 관한 연구가 전혀 이루어져 있지 않아 경영학에서 조사된 연구를 토대로 이론을 전개시킴으로써 호텔기업의 특성을 반영하는 데 많은 어려움이 있었으며 폭 넓은 이론 전개와 다양한 실증연구 방법의 습득이 어려웠다. 또한 가설 검증 결과 총개보수비용과 법인세 부담과는 관련이 없는 것으로 나타났으나 실제 설문조사 결과에서는 특급호텔의 경우 많은 총개보수비용을 지출하고 있는 것으로 나타났다. 이러한 차이점의 원인은 가설을 검증하기 위해 사용된 총개보수비용에는 수선비만이 포함되었으며 설문조사를 통한 총개보수비용에는 자본적 지출과 수익적 지출이 모두 포함되었기 때문이다. 이것은 자료 수집의 어려움 때문이었다. 따라서 호텔기업의 특성과 조세부담과의 관련성에 관한 미래의 연구에서는 총개보수비용의 경우 수익적 지출과 자본적 지출이 함께 사용되어지길 바라며 보다 다양한 종류의 조세와 변수 그리고 다양한 유효법인세율의 대용치에 따른 결과분석이 함께 이루어지기를 바란다.

참고문헌

1. 국내 문헌

1) 논 문

권순철, 권순창, "상장기업의 유효법인세율에 관한 검토", 세무학 연구 제5호(1993년 12월), pp.73-93.

권영모, "납세자의 조세 공평성 인식에 관한 실증적 연구", 원광대학교 대학원 박사학위논문, 1994.

김성기, 안숙찬, "유효법인세율 결정요인에 관한 연구", *경영논집(서울대학교 경영연구소)* 28권 3, 4호(1994년 12월), pp.100-118.

김용훈, "조세지원의 효과에 관한 연구: 유효법인세율을 통한 분석", *세무학 연구* 제7호(1996년 1월).

노현섭, 정문현, "기업규모와 유효법인세율 간의 관계: 정치적 비용 가설과 조세혜택 가설의 검증", 세무학 연구 제6호(1995년 7월), pp.85-114.

안숙찬, "조세부담과 기업 특성", 세무학 연구 제8호(1996년 10월).

이우택, 오성열, "법인세배분회계의 유용성에 관한 실증적 연구", 세무학 연구 제9권(1997년 2월).

이우택, "법인세제의 평가와 개편방안에 관한 연구", 세무학 연구 제13호(1999년 2월).

이준규, "법인세제의 유효성에 관한 연구", 건국대학교 대학원 박사학위논문, 1992.

전규안, 법인세 부담의 공평성과 기업 특성요인에 관한 연구, 서울대학교 대학원 박사학위논문, 1997.

조성표, "우리나라 기업의 정치적 비용에 관한 실증연구: 명시적 조세와 암묵적 조세를 중심으로", 회계학 연구 제10호(1990년 9월), pp.177-205.

2) 서 적

국세청, 「국세통계연보」, 1999.

유지태, 김연태, 김중권, 『세법』, 법문사, 1998.

정충영, 최이규, 『SPSSWIN을 이용한 통계분석』, 무역경영사, 1999.

조세통람사, 『조세편람』, 2000.

한국관광공사, 「한국관광통계」, 1998, 1999.

한국관광공사, 「관광호텔운영실적」, 1998, 1999.

한국관광호텔업협회, 「한국관광호텔명부」, 2000.

한국은행, 「기업경영분석」, 1997, 1998, 1999.

2. 외국 문헌

1) 논 문

Atiase, R. K., "Predisclosure Information, Firm Capitalization and Security Price Behavior around Earnings Announcements", *Journal of Accounting Research*(Spring, 1985), pp.21-36.

Fullerton, D., "Which is effective tax rate?", *National Tax Journal* 7(March, 1984), pp.23-42.

Hall, R. E. and D. W. Jorgenson, "Tax Policy and Investment Behavior", *American Economic Review* 57(June, 1967), pp.391-414.

Kern, B. B. and M. H. Morris, "Taxes and Firm Size: The Effects of Tax Legislation During the 1980s", *The Journal of American Taxation Association*(Spring, 1992), pp.80-96.

Porcano, T. M., "Corporate Tax Rates: Regressive, Proportional or Regressive", *The Journal of American Taxation Association*(Spring, 1986), pp.17-31.

Spooner, G. M., "Effective Tax Rates From Financial Statement", *National Tax Journal*(September, 1986), pp.293-306.

Stickney, C. P. and V. E. McGee, "Effective Corporate Tax Rate-The Effect of Size, Capital Intensity, Leverage and Other Factors", *The Journal of Accounting and Public Policy* 1(Winter, 1982), pp.125-152.

Wang, S. W., "The Relation Between Firm Size and Effective Tax Rates: A Test of Firms' Political Success", *The Accounting Review*(January, 1991), pp.158-169.

Wilkie, P. J., "Corporate Average Effective Tax Rates and Inferences about Relative Tax Preferences", *The Journal of American Taxation Association* 10(Fall, 1988), pp.75-88.

Wilkie, P. J. and S. T. Limberg, "The Relationship Between Firm Size and Effective Tax Rate: A Reconciliation of Zimmerman(1983) and orcano(1986)", *The Journal of American Taxation Association* 11(Spring, 1990), pp.76-91.

Zimmerman, J. L., "Taxes and Firm Size", *The Journal of Accounting and Economics* 5(August, 1983), pp.119-149.

2) 서 적

Scholes, M. S. and M. A. Wolfson, 『Taxes and Business Strategy: A Planning Approach』, Prentice Hall, 1992.

설 문 지

안녕하십니까?

바쁘신 중에서도 본 설문조사에 응하여 주신 데 대하여 진심으로 감사를 드립니다. 본 설문조사는 호텔기업의 특성과 조세부담과의 관련성을 파악하여 법인세 규정의 적용에 있어 고려되어야 하는 호텔기업의 특성을 제시하고자 함을 연구 목적으로 하고 있습니다.

귀하께서 협조해 주신 자료는 학술적인 연구 목적 이외에는 어떤 용도에도 사용하지 않을 것임을 약속드립니다.

응답하시는 질문에는 정답이 없으며, 단지 여러분의 고귀한 의견을 수렴하여 연구 목적에 사용하기 위한 것이므로 다소 많은 질문항목이지만 읽어보시고 솔직하게 응답하여 주시기 바랍니다. 특히 각 항목들은 연구 결과와 깊은 관련이 있으며 부분적으로 누락하였을 경우 전체 설문이 연구 자료로써 사용하기 어렵게 될 수 있으므로 가능한 한 문항도 빠짐없이 응답하여 주시기 바랍니다.

감사합니다.

조 사 자: 세종대학교 대학원 호텔관광경영학과

박사과정 김 수 정

Ⅰ. 다음은 호텔업의 법인세와 관련된 일반적인 특성에 관한 사항입니다.

1. 귀사의 운영 및 관리에 있어서 법인세의 세부담은 어떠하다고 생각하십니까?

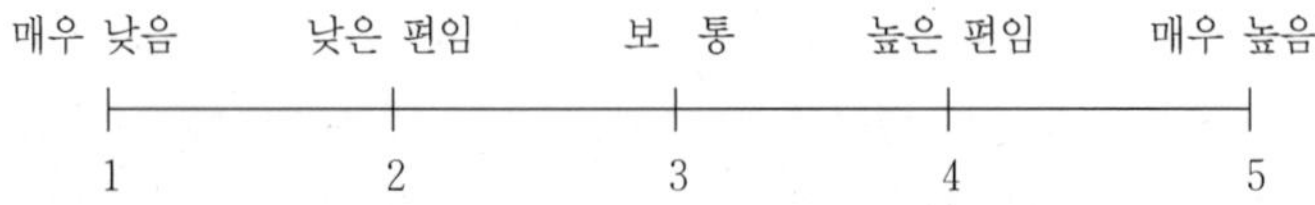

2. 법인세법상 세액공제 및 감면 등이 해당자 일부에게만 적용되기 때문에 법인세법이 개정될 필요가 있다고 생각하십니까?

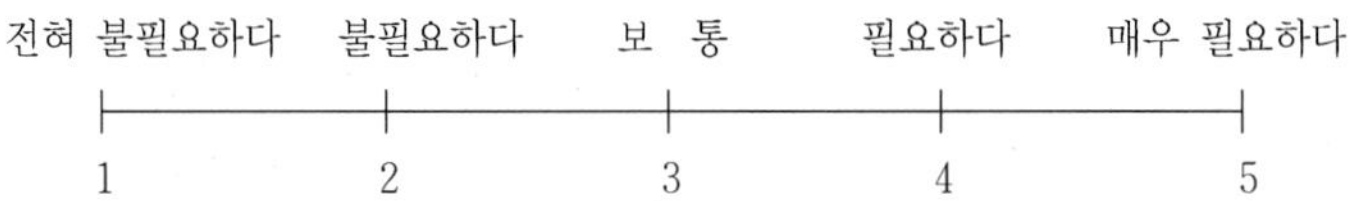

3. 조세특례제한법의 세액공제 규정에 의하면 중소기업(제조업, 광업, 건설업, 운수업, 어업, 도매업, 소매업 등)은 당해 투자금액의 3%에 해당하는 투자세액공제를 받도록 되어 있으나 호텔업은 이 규정에 포함되어 있지 않은데 이 규정이 개정될 필요가 있다고 생각하십니까?

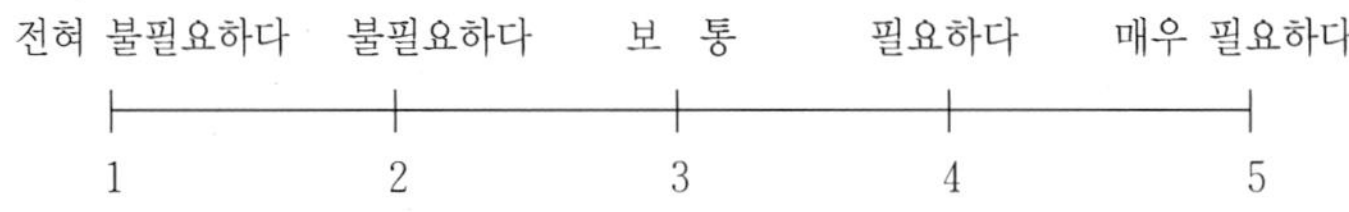

4. 투자세액공제 규정에 호텔업이 포함되도록 법개정이 이루어진다면 투자금액의 몇%의 세액공제가 호텔업에 적용되어야 한다고 생각하십니까?

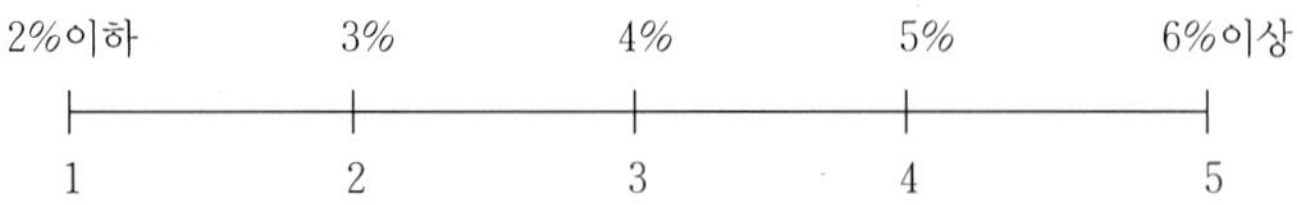

5. 만약 투자세액공제 규정에 호텔업이 포함된다면 어느 정도의 혜택을 기
   대하실 수 있습니까?

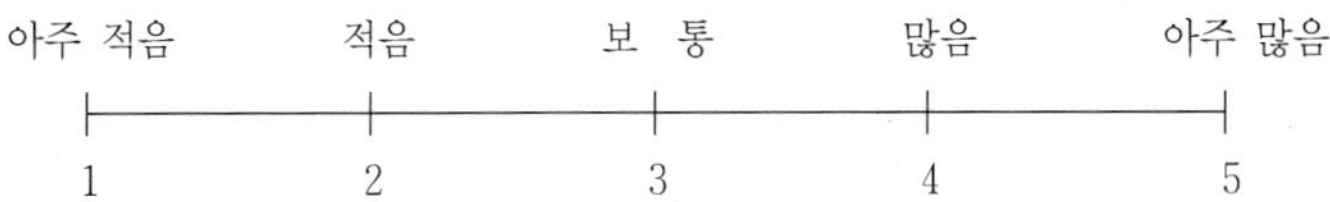

6. 조세특례제한법의 세액공제 규정 중 제조업은 투자금액의 5%에 상당하
   는 생산성향상시설투자 세액공제를 받을 수 있으나 호텔업은 이 규정에
   포함되어 있지 않은데 이 규정이 개정될 필요가 있다고 생각하십니까?

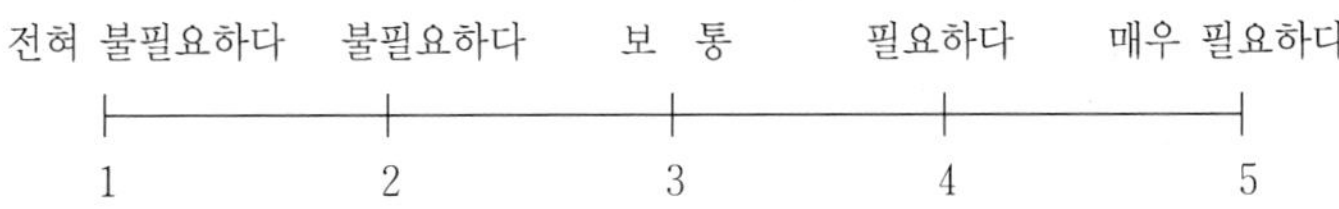

7. 생산성향상시설투자 세액공제 규정에 호텔업이 포함되어져야 한다고 생
   각하신다면 가장 중요한 이유 세 가지를 기입해 주십시오

   (,   ,   ).

   1) 과다한 개보수비용
   2) 과다한 감가상각대상자산
   3) 수익성 극대화
   4) 서비스향상
   5) 고객 만족도를 높이기 위해

8. 생산성향상시설투자 세액공제 규정에 호텔업이 포함되도록 법개정이 이
   루어진다면 투자금액의 몇%의 세액공제가 호텔업에 적용되어야 한다고
   생각하십니까?

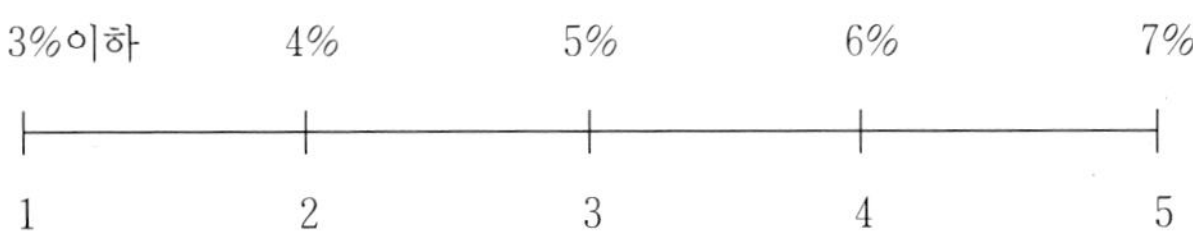

9. 만약 생산성향상시설투자 세액공제 규정에 호텔업이 포함된다면 개보수 시 총개보수비용이 어느 정도 절감될 수 있다고 예상하십니까?

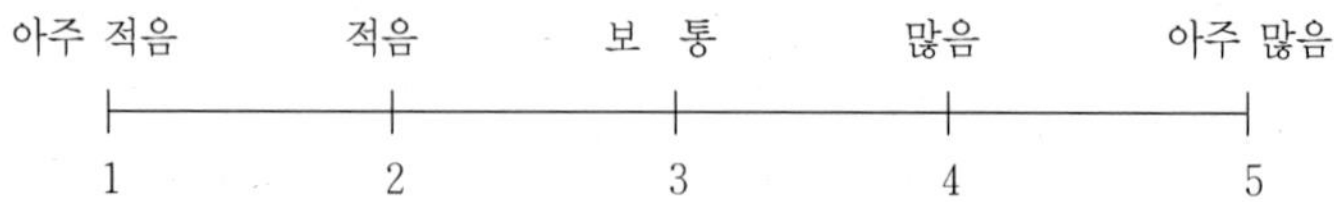

10. 귀 호텔의 객실 및 부대시설의 대대적인 개보수는 몇 년마다 하십니까?

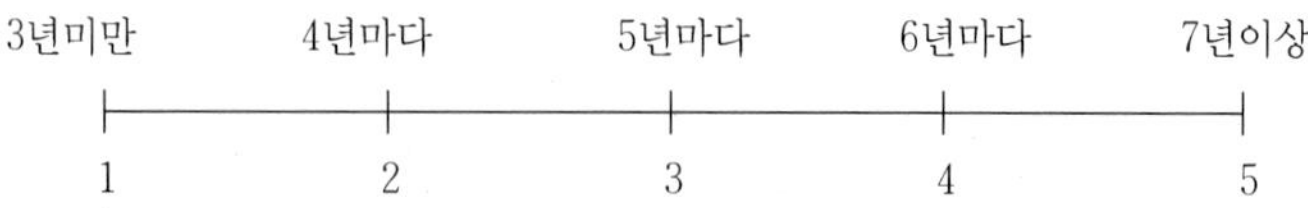

11. 귀 호텔의 객실 및 부대시설의 대대적인 개보수 시 총개보수비용으로 얼마나 지출하십니까?(자본적 지출과 수익적 지출을 모두 고려)

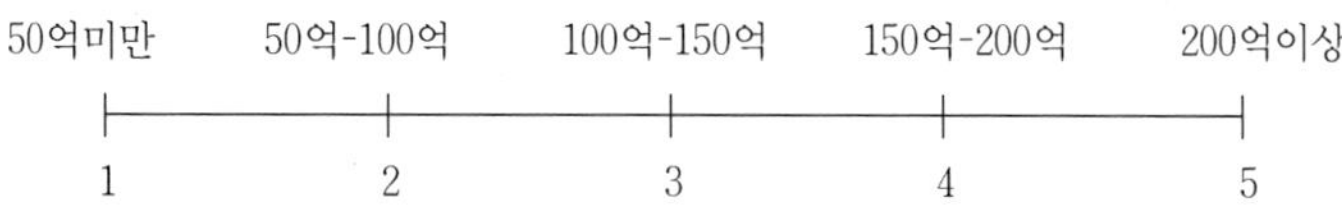

12. 조세특례제한법의 충당금 및 준비금에 관한 규정 중 중소기업(제조업, 광업, 건설업, 운수업, 어업, 도매업, 소매업 등)은 사업용 자산 가액의 20%에 해당하는 투자준비금을 손금으로 인정해 주고 있으나 호텔업은 이 규정에서 제외되어 있습니다. 이 규정이 개정될 필요가 있다고 생각하십니까?

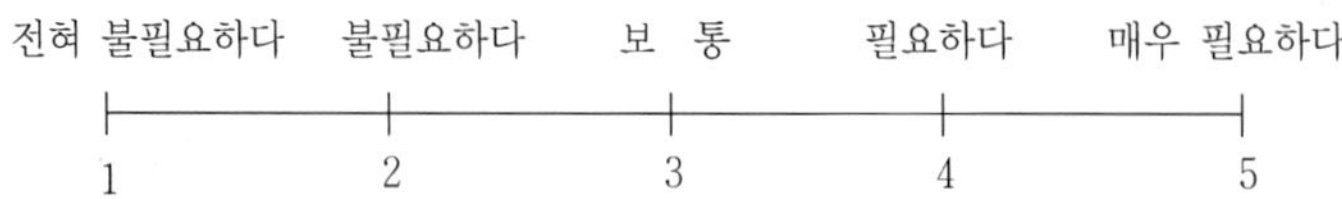

13. 만약 투자준비금 손금산입 규정에 호텔업이 포함되도록 법인세법 규
정이 개정될 필요성이 있다고 생각하신다면 그 이유는 무엇입니까?

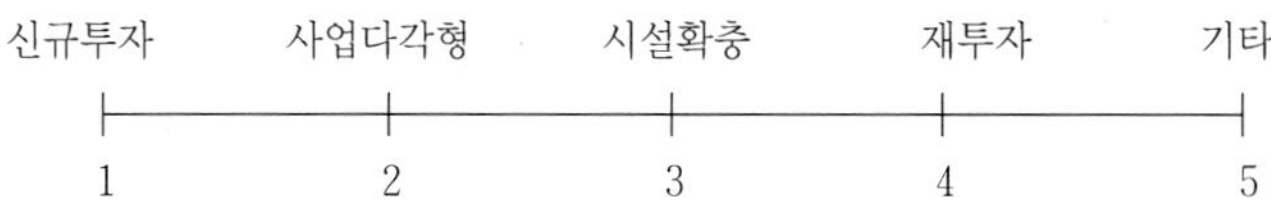

14. 투자준비금 손금산입 규정에 호텔업이 포함되도록 법개정이 이루어진
다면 사업용 자산 가액의 몇%에 해당되는 투자준비금이 손금에 산입
되어야 한다고 생각하십니까?

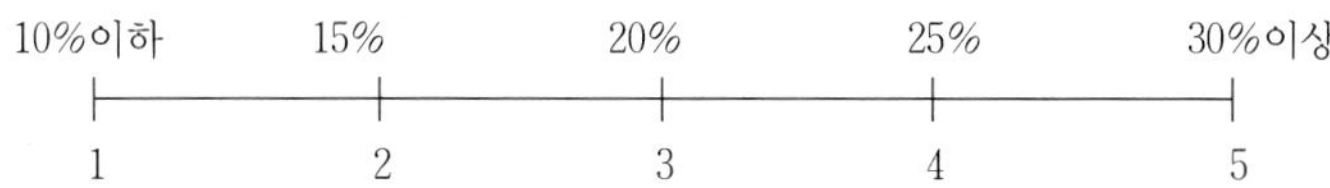

15. 중소기업(제조업, 광업, 건설업, 운수업, 어업, 도매업, 소매업 등)이
2003년까지 수도권 외의 지역에서 창업을 할 경우 법인세의 100분의
50에 상당하는 세액을 감면 받고 있는데 호텔업은 제외되어 있습니다.
이 규정이 개정될 필요가 있다고 생각하십니까?

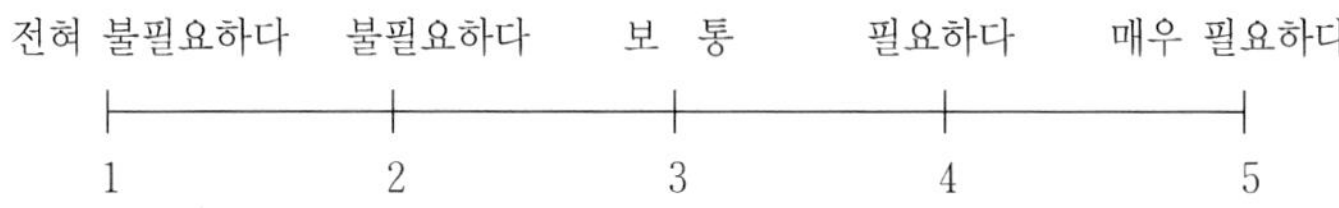

16. 창업 중소기업(제조업, 광업, 건설업, 운수업, 어업, 도매업, 소매업 등)
등에 대한 세액감면 규정에 호텔업이 포함되도록 법개정이 이루어진다
면 몇%의 세액공제가 호텔업에도 적용되어야 한다고 생각하십니까?

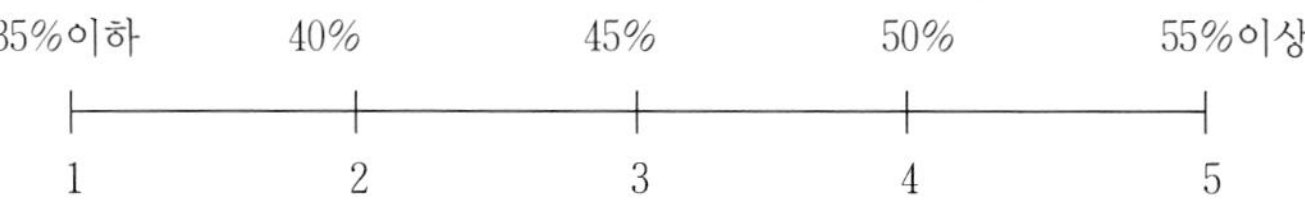

17. 제조업 등의 중소기업에 대하여는 2003년까지 당해 사업에서 발생한 소득에 대한 소득세 또는 법인세의 100분의 20에 상당하는 세액을 감면 받도록 하고 있으나 호텔업은 제외되어 있습니다. 이 규정이 개정될 필요가 있다고 생각하십니까?

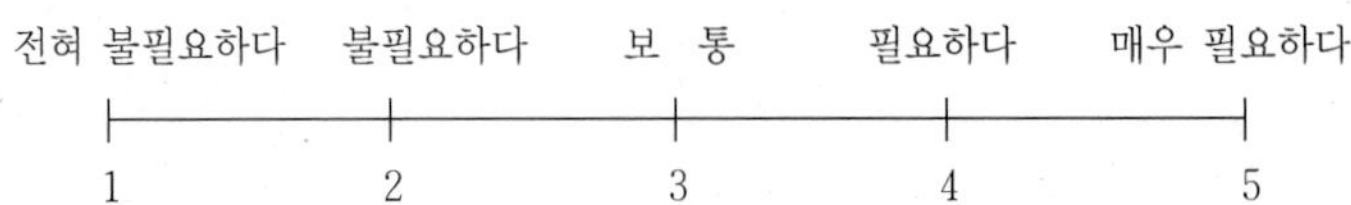

18. 제조 중소기업이 2003년까지 지출한 기술 및 인력개발비의 100분의 15에 해당하는 금액을 당해 과세연도의 소득세 또는 법인세에서 공제 받도록 되어 있으나 호텔업은 제외되어 있습니다. 이 규정이 개정될 필요가 있다고 생각하십니까?

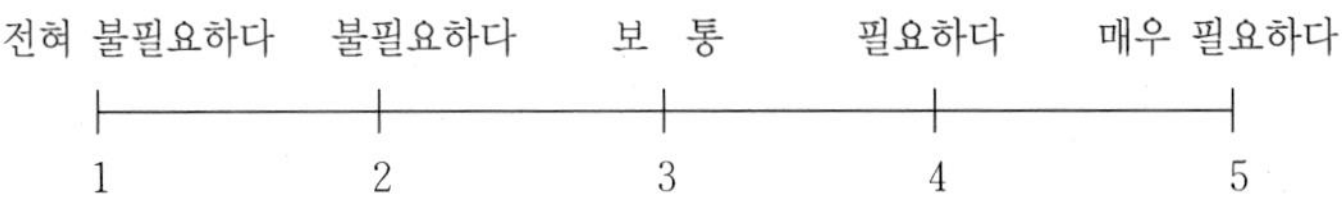

19. 기술 및 인력개발비에 대한 세액공제 규정이 개정될 필요성이 있다고 생각하신다면 몇%의 세액공제가 호텔업에도 적용되어야 한다고 생각하십니까?

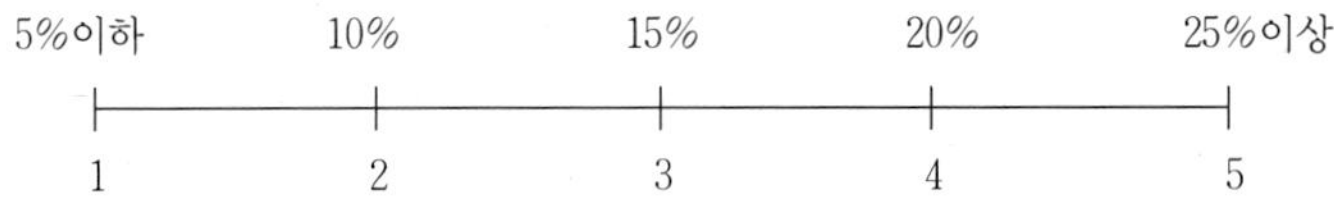

20. 귀 호텔의 경우 종사원 교육 등과 같은 인력개발에 소요되는 비용은 세전 이익의 몇%입니까?

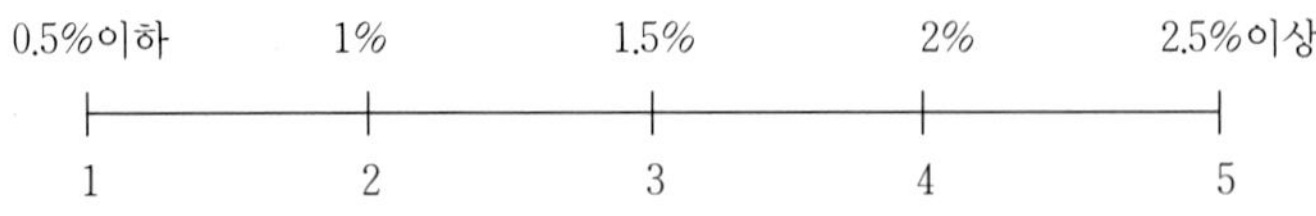

21. 금융기관은 대손충당금계정의 금액을 초과하는 대손금을 손금에 산입
    하도록 하고 있으나 호텔업은 제외되어 있습니다. 이 규정이 개정될
    필요가 있다고 생각하십니까?

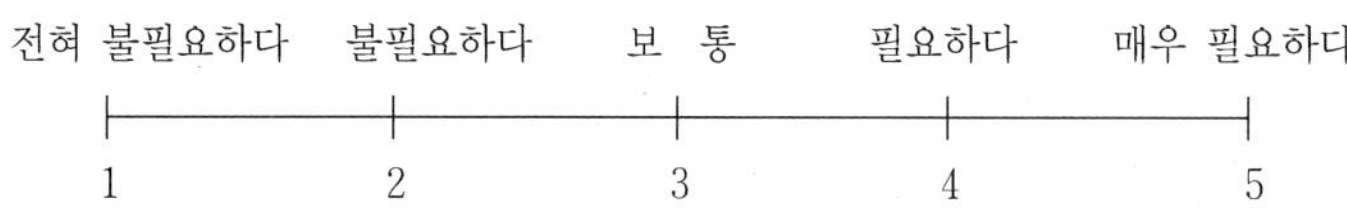

22. 호텔업에 적용되기를 바라는 규정을 중요한 순서대로 표시해 주십시오.

    1) 투자세액공제   (   )
    2) 생산성향상시설투자 세액공제   (   )
    3) 투자준비금 손금산입   (   )
    4) 창업중소기업 법인세액감면   (   )
    5) 중소제조업 특별세액감면   (   )
    6) 기술 및 인력개발비에 대한 세액공제   (   )
    7) 중소기업 대손충당금 한도초과액의 손금산입   (   )

23. 일반적으로 법인세 부담이 모든 납세자에게 과세되어지는 정도는 어떻
    다고 생각하십니까?

24. 현행 법인세법은 기업의 특성을 고려하고 있다고 생각하십니까?

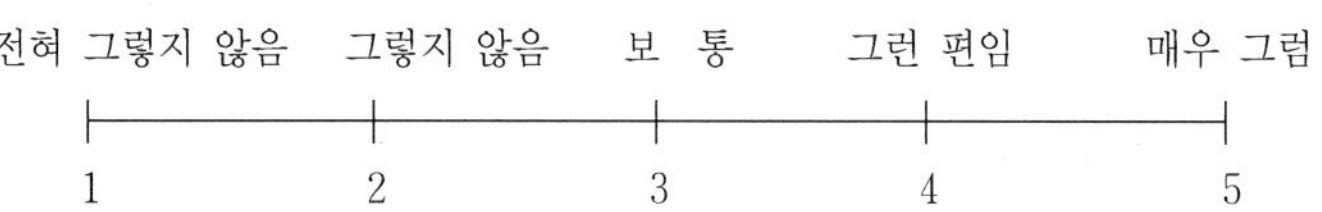

25. 현행 법인세제는 탈세의 구실을 주고 있다고 생각하십니까?

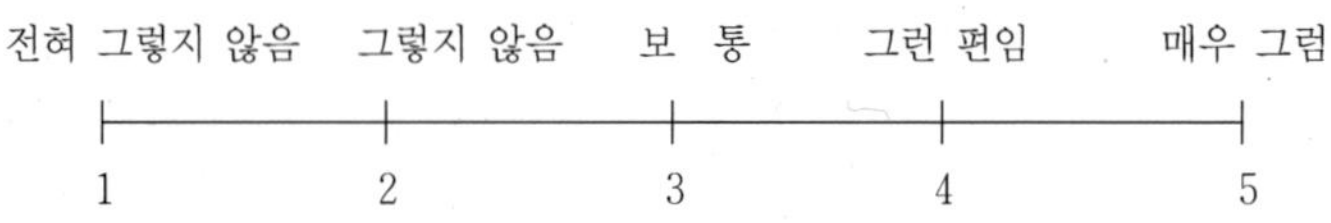

26. 현행 법인세법의 바람직한 개선 방향에 대한 의견을 제시해 주십시오.
    (예를 들면 호텔기업의 개보수비용을 줄일 수 있도록 생산성향상시설
    투자 세액공제 규정의 적용 등)

Ⅱ. 귀하께서 법인세 조정 항목인 다음의 익금조정항목과 손금조정항목 중
   에서 가장 중요하다고 생각하시는지 5가지 항목만 선택하여 순번을
   매겨주십시오. 기타 사항이 있으시면 기타 사항까지 포함해서 중요도
   순번을 매겨주십시오.

〈익금산입 항목〉
1. 전기 미수수익   (   )
2. 외화 평가 이익   (   )
3. 자산의 임대료   (   )
4. 무상으로 받은 자산의 가액   (   )
5. 채무의 면제 또는 소멸로 인하여
   생기는 부채의 감소액   (   )
6. 손금에 산입한 금액 중 환입된 금액   (   )
7. 이익처분에 의하지 아니하고
   손금으로 계상된 적립금액   (   )
8. 매출 누락   (   )
9. 기 타   (   )

〈익금불산입 항목〉
1. 당기 미수수익   (   )
2. 자산의 평가차익   (   )
3. 손금에 산입하지 아니한 법인세 환급액   (   )
4. 부가가치세의 매출세액   (   )
5. 재평가적립금   (   )
6. 외상매출금   (   )
7. 기 타   (   )

〈손금산입 항목〉
1. 외화평가손   (   )

2. 토지 재평가 차손　　　　　　　　　　(　　　)
3. 인건비　　　　　　　　　　　　　　　(　　　)
4. 고정자산의 수선비　　　　　　　　　　(　　　)
5. 고정자산에 대한 감가상각비　　　　　(　　　)
6. 자산의 임차료　　　　　　　　　　　　(　　　)
7. 차입금 이자　　　　　　　　　　　　　(　　　)
8. 대손금　　　　　　　　　　　　　　　(　　　)
9. 자산의 평가차손　　　　　　　　　　　(　　　)
10. 제세공과금　　　　　　　　　　　　　(　　　)
11. 단체퇴직급여충당금　　　　　　　　　(　　　)
12. 판매부대비용
　　(고객에게 무료로 증정하는 물품의 가액)　(　　　)
13. 대손 충당금　　　　　　　　　　　　　(　　　)
14. 보험료　　　　　　　　　　　　　　　(　　　)
15. 감가상각비한도초과 추인액　　　　　　(　　　)
16. 기　타　　　　　　　　　　　　　　　(　　　)

〈손금불산입 항목〉
1. 신용카드 미사용분의 접대비　　　　　(　　　)
2. 접대비 한도초과액　　　　　　　　　　(　　　)
3. 퇴직급여 충당금 한도초과액　　　　　(　　　)
4. 비업무용토지에 대한 재산세　　　　　(　　　)
5. 감가상각비 상각범위액의 초과 금액　(　　　)
6. 공익성의 기부금　　　　　　　　　　　(　　　)
7. 건설자금이자　　　　　　　　　　　　(　　　)
8. 법인세 비용　　　　　　　　　　　　　(　　　)
9. 가지급금인정이자　　　　　　　　　　(　　　)
10. 세금과공과(벌금 등)　　　　　　　　　(　　　)
11. 가지급금지급이자　　　　　　　　　　(　　　)
12. 기　타　　　　　　　　　　　　　　　(　　　)

Ⅲ. 마지막으로 통계분석을 위해서 몇 가지 여쭈어 보겠습니다.

1. 귀하가 근무하고 있는 호텔의 등급은 무엇입니까?

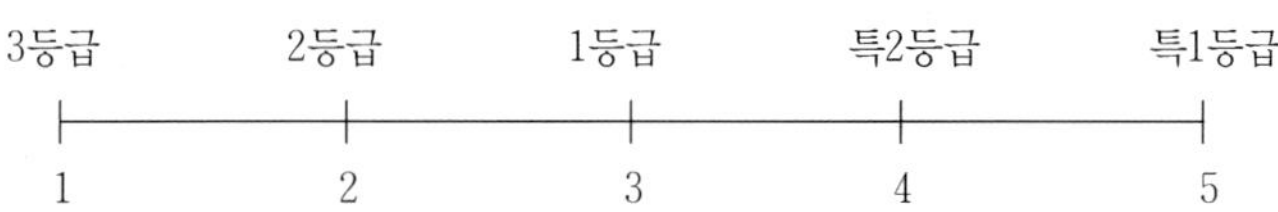

2. 귀하의 직급은 무엇입니까?

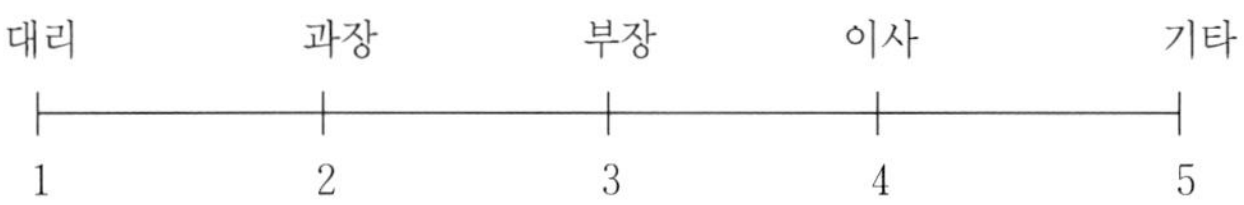

3. 귀하가 근무하고 있는 부서는 어느 곳입니까?

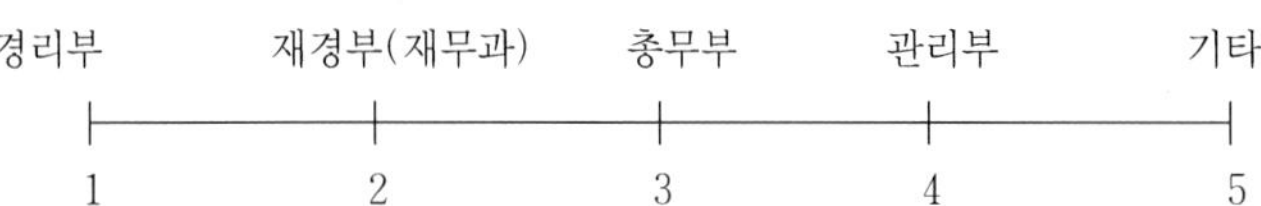

4. 귀하가 업종에 종사한 연수는 얼마입니까?

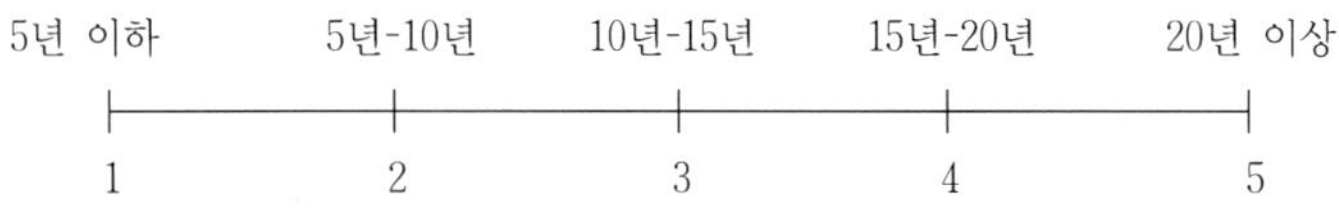

5. 귀하의 법인세 납세 경험은 몇 년이나 됩니까?

〈부록 1〉표본 호텔

년 도	호텔명
1997	힐튼호텔, 르네상스호텔, 워커힐호텔, 하야트호텔, 세종호텔, 서울 로얄호텔, 코리아나호텔, 프레지던트호텔, 코모도호텔, 프리마호텔, 호텔 하니 크라운, 해밀톤호텔, 대구 수성관광호텔, 삼정관광호텔, 사보이호텔
1998	파라다이스호텔 부산, 힐튼호텔, 르네상스호텔, 스위스 그랜드호텔, 하야트호텔, 소피텔 앰배서더, 대구 파크호텔, 세종호텔, 서울 로얄호텔, 호텔 캐피탈, 코리아나호텔, 노보텔, 프레지던트 호텔, 코모도호텔, 해밀톤호텔, 풍전호텔, 호텔 뉴크라운, 사보이 호텔
1999	조선호텔, 힐튼호텔, 신라호텔, 르네상스호텔, 워커힐호텔, 스위스 그랜드호텔, 하야트호텔, 타워호텔, 소피텔 앰배서더, 대구 파크호텔, 세종호텔, 제주 오리엔탈호텔, 서울 로얄호텔, 호텔 캐피탈, 코리아나호텔, 노보텔, 프레지던트호텔, 호텔 리베라, 코모도호텔, 프리마호텔, 여의도관광호텔, 해밀톤호텔, 사보이 호텔

〈부록 2〉표본에서 제외된 호텔

호텔명	년 도	이 유
롯데 호텔	1997, 1998, 1999	총자산의 극대치값
여의도 관광	1997, 1998	부채비율의 극대치값
호텔마가레트	1997, 1999	자본 잠식
그랜드 호텔	1998	유효법인세율의 극대치값
호텔 하니 크라운	1998, 1999	부채비율의 극대치값
호텔 대구	1998	부채비율의 극대치값

· 저자 ·

김수정

▍약력

세종대학교 대학원(호텔경영학 박사)

현▏부천대학 관광경영과 조교수
　　부천남부지부 음식업협회 위원
　　부천시 소사구 일반음식점 창업자문위원
　　부천시 소사구 내 고장 가 볼만한 음식점 평가위원
　　교육인적자원부 1종 교과서「호텔업무」집필위원 역임
　　한국관광학회 재무이사 역임
　　한국호텔·리조트산학학회 이사 역임

▍주요논저

「호텔산업의 도산 원인 분석」
「호텔프로젝트 타당성 분석의 정확성에 관한 탐색적 연구」
「호텔기업의 특성과 조세 부담과의 관련성에 관한 연구」
「호텔산업의 육성을 위한 조세지원제도 개선 방안에 관한 연구」
「호텔산업의 경영성과에 대한 유형 자산 투자와 노무비의 영향력 분석」
「지역 경제 환경의 변화가 외식산업에 미치는 영향에 관한 연구
 : 부천지역을 중심으로」
「외식산업의 부가가치세부담률 분석과 부가가치세제 개선방안에 관한 연구」
「관광호텔 종사원의 균형성과표(BSC)를 이용한 핵심성과지표 인식에 관한
 실증연구」
「호텔업의 부가가치 생산성에 관한 연구」
「특급호텔의 부가가치생산성에 관한 연구: 제조업과의 비교 분석을 중심으로」
「관광호텔 성과평가를 위한 균형성과표의 활용」
『호텔회계원리』
『관광산업 회계학 원론』
『신 호텔경영학』
『Pocket English』
외 다수

호텔기업과 법인세

• 초판 인쇄	2005년 12월 20일
• 초판 발행	2005년 12월 20일
• 지 은 이	김수정
• 펴 낸 이	채종준
• 펴 낸 곳	한국학술정보㈜
	경기도 파주시 교하읍 문발리 526-2
	파주출판문화정보산업단지
	전화 031) 908-3181(대표) · 팩스 031) 908-3189
	홈페이지 http://www.kstudy.com
	e-mail(e-Book사업부) ebook@kstudy.com
• 등 록	제일산-115호(2000. 6. 19)
• 가 격	8,000원

ISBN   89-534-4476-4 93320 (Paper Book)
        89-534-4477-2 98320 (e-Book)